"十二五"国家重点出版规划项目
装备综合保障工程理论与技术丛书

装备作战单元维修保障力量编配技术

于永利 徐 英 张 波 著

国防工业出版社

·北京·

图书在版编目(CIP)数据

装备作战单元维修保障力量编配技术/于永利,徐英,张波
著.—北京:国防工业出版社,2015.11
(装备综合保障工程理论与技术丛书/于永利主编)
ISBN 978-7-118-10625-1

Ⅰ.①装... Ⅱ.①于...②徐...③张... Ⅲ.①武器
装备—维修—军需保障 Ⅳ.①E237

中国版本图书馆 CIP 数据核字(2015)第 283644 号

※

国防工业出版社 出版发行

(北京市海淀区紫竹院南路 23 号 邮政编码 100048)
三河市众誉天成印务有限公司印刷
新华书店经售

*

开本 710×1000 1/16 印张 11½ 字数 175 千字
2015 年 11 月第 1 版第 1 次印刷 印数 1—2000 册 定价 42.00 元

(本书如有印装错误,我社负责调换)

国防书店:(010)88540777   发行邮购:(010)88540776
发行传真:(010)88540755   发行业务:(010)88540717

序

21 世纪以来,世界范围内科学技术革命的崛起,信息技术飞速发展并在军事领域广泛应用,有力地冲击着军事领域变革,战争形态逐渐由机械化战争向信息化战争演变,同时对装备保障能力产生的基本形态产生了深刻影响。认真落实习主席"能打仗、打胜仗"指示要求,着眼打赢未来基于信息系统体系作战,我军装备将逐渐形成以军事信息系统为支撑、以四代装备为骨干、以三代装备为主体的装备体系格局。信息化作战需要信息化保障,体系化对抗需要体系化保障。我军装备保障面临着从机械化保障向信息化保障、从单一装备保障向装备体系保障、从线性逐级保障向立体精确保障、从符合性考核向贴近实战考核转变等严峻挑战,未来信息化作战进程中的装备保障实践,对系统科学的装备保障基础理论与方法,提出了时不我待的紧迫要求。

伴随着军事技术和作战形态的发展要求,装备保障理论与技术不断创新发展。针对装备保障的系统研究,在国外始于 20 世纪 40 年代中后期,特别是 20 世纪 90 年代以来,随着"聚焦保障""基于性能的保障"等新的理念提出,以及相关工程实践的不断深化,装备保障工程在装备全寿命过程中的基础性、全局性的战略地位和作用得到了进一步强化。我国从 20 世纪 70 年代末开始引进、消化、吸收外军装备保障先进理念,运用系统科学思想研究装备保障问题,并在装备型号论证研制以及装备保障能力建设工作中不断应用,取得了大量的理论与实践研究成果,极大地推动了装备保障工程发展。经过 40 多年的研究与实践,装备保障工程在我军装备建设和军事斗争准备中的地位和作用不断升华,已经成为装备保障能力建设的基石,正在深刻地影响着装备保障能力和作战能力的形成与发展。装备保障工程既是型号装备建设的基础性工程,也是装备成系统成建制形成作战保障能力建设的通用性工程,还是作战进程中装备保障实施的重要技术支撑。

装备保障工程是应用系统科学研究解决装备保障问题的学科和技术,是研究装备全寿命过程中战备完好与任务持续能力形成与不断提高的工程技术。它运用系统科学与系统工程的理论和方法,从系统的整体性及其同外界环境的辩证关系出发,分析研究装备使用、装备保障特性与装备保障系统之间的相互作用机理,装备保障特性、保障系统的形成与演化规律,以及相关的理论与方法,并运用这些机理与规律、理论与方法,通过一系列相关的工程技术与指挥管理活动,实现装备的战备完好性与任务持续性以及保障费用与保障规模要求。装备保障工程技术包括装备保障特性工程、装备保障系统和装备保障特性与保障系统综合等技术。

为了积极适应未来信息化作战对装备保障提出的要求,我们组织人员对军械工程学院维修工程研究所十余年来在装备保障工程领域的科研成果进行了系统的总结,形成了装备保障工程系列丛书(共 22 本,其中有 16 本列入"十二五"国家重点出版规划项目),旨在为装备型号论证研制以及部队面向实战装备保障与运用提供理论和技术支撑。

整套丛书分为基础部分、面向型号论证研制关键技术部分和面向部队作战训练关键技术部分。

基础部分,主要从装备保障的哲学指导、装备保障作用机理以及装备保障模型体系等方面,构建完善的装备保障工程基础理论,打牢装备保障工程技术持续发展的基础,包括《装备保障论》《装备保障工程基础理论与方法》《装备保障工程技术型谱》《装备综合保障工程综合数据环境建模与控制》《装备保障系统基础理论与方法》《装备使用任务模型与建模方法》和《装备作战单元维修保障任务模型与建模方法》。

面向型号论证研制关键技术部分,主要从装备保障的视角出发,解决装备论证、研制过程中保障特性与保障系统规划、权衡和试验验证等问题,包括《装备保障体系论证技术》《型号装备保障系统规划技术》《型号装备保障特性与保障系统权衡技术》《型号装备保障特性试验验证技术》和《现役装备保障特性评估技术》。

面向部队作战训练关键技术部分,主要面向部队作战训练从维修保障需求确定、维修保障方案制定、维修保障方案评价和维修保障力量动态运用等方面构建完善的技术方法体系,为面向实战的装备保障提供方法手段,包括《装备作战单元维修保障要求确定技术》《装备作战单元维修保障力量编配技术》《装备作战单元维修保障资源预测技术》《装备作战单元维修保障建模与仿真》《装备作战单元维修保障能力评估方法》《装备作战单元维修保障力量运用》《装备作战单元保障方案综合评估方法》《基于保障特性的装备需求量预测方法》《多品种维修器材库存决策优化技术》和《面向任务的维修单元专业设置优化技术》。

着眼装备建设和军事斗争准备迫切需求，同时考虑到相关研究工作的成熟性，本丛书率先推出基础部分和面向部队作战训练关键技术部分的主要书目，今后随着研究工作和工程实践的不断深入，将陆续推出面向型号论证研制关键技术部分。

装备保障工程是一门刚刚兴起的新兴学科，其基础理论、技术方法以及工程实践的开展远没有达到十分成熟的阶段，这也给丛书的编著带来了很大的困难。由于编著人员水平有限，这套丛书不可避免会有很多不妥之处，还望读者不吝赐教。

丛书编委会

2015 年 11 月

前　言

在未来新的作战模式下,作战双方的对抗将表现为装备体系与装备体系之间的对抗。装备作战单元效能的发挥不仅依赖于作战装备优良的战术技术性能,而且依赖于装备保障系统合理有效的保障。为提高维修保障系统的保障能力,充分发挥现有保障资源效能,必须对保障力量的编配结构进行优化调整。

针对维修保障力量的编配,我军开展了大量的研究和实践工作,取得了丰硕的成果,但目前依然存在一些问题。例如:在维修保障力量级别划分方面,缺少科学的理论依据和行之有效的技术方法,级别设置重平时轻战时,对于维修保障系统内空闲资源进行统筹规划的研究较少等;在维修保障专业设置方面,目前主要是按照装备类型(如军械、装甲、工程、防化和车辆等)和装备功能组成(如底盘系统、火力系统、火控系统、指挥控制系统等)进行设置,解决了平时维修专业的形成与储备问题,但随着装备技术构成相似性和结构交叉性的不断提高,一些专业之间出现了"相容、相似、相交叉"的特点,如何根据战时装备作战单元的任务及组配形式优化,调整维修保障专业,解决平时储备维修专业的运用和发挥问题有待进一步探讨;在基本维修单元编组方面,我军主要采取以人(维修人员)为中心的方式划分单元的种类,对维修设备、维修工具等其他资源的考虑较少,对瓶颈资源的研究明显不足,并且在确定单元的资源构成时,主要依靠主观经验、历史数据比对等方法,缺少定量化方法的支撑。为此,本书从装备作战单元维修保障力量编配优化问题的整体入手,分析、界定各层次维修力量编配优化的边界;选取底层基本维修单元编配问题作为本书的重点研究内容,建立相关问题的定量模型。在此基础上,以维修任务为依据,结合维修资源使用特点,研究基本维修单元类别和共享资源类别的设计方法,并对维修任务执行过程中的资源冲突、共享问题进行分析,探讨基本维修单元和共享资源的数量配备方法。最后,通过实例对书中所提出的基本维修单元编配方法进行验证,检验其可行性和适用性。

　　本书第 1 章、第 3 章由徐英编写,第 2 章由于永利编写,其余各章由张波编写。全书由于永利组织编写,并负责统稿工作。在本书编写过程中,张柳教授对本书的结构框架提出了宝贵的建议,在此表示感谢。

　　因限于水平,错误之处在所难免,读者如能给与批评指正,将是对我们最大的支持和鞭策。

作　者

2015 年 7 月

目　录

第1章 绪 论

本章阐述了本书的研究目的和意义,分析了国内外相关研究的动态,明确了研究目标,确定了本书主要研究工作的内容和思路。

1.1 研究目的及意义

在信息化条件下的一体化联合作战中,各作战部队要在陆、海、空、天、电等多维空间同时作战,实施一体化联合攻防,更加强调体系与体系之间的对抗。为确保战争的胜利,各种作战力量必须能够根据作战任务目标和任务分工,灵活组合、快速反应,及时、有效地遂行不同空间、不同维度的作战任务。然而,一体化联合作战更加强调体系与体系之间的对抗,战争的胜负不仅取决于具有较高战技性能的武器装备,更加取决于相应维修保障系统能否提供及时、有效的维修保障[1-3]。

维修保障系统作为作战力量体系的重要组成部分,是体系作战效能发挥的重要基础和依托。为适应作战力量的一体化编配,维修保障系统必须具备对参战各军兵种的多种武器装备实施维修保障的多样化能力。但在一体化维修保障过程中,所需保障的武器装备种类数量多,维修保障任务类型多,所需投入的维修保障资源数量庞大,为使各种维修保障资源协调一致,高效完成一体化的维修保障任务,有必要对维修保障系统的结构进行调整,优化维修保障力量编配结构,以提高维修保障系统的保障能力,充分发挥现有维修保障资源的效能。

维修保障力量的编配是对维修保障系统结构的优化设计,是促进维修保障资源协调、高效使用的有效手段。装备作战单元的维修保障力量具有一定的层次,各层次维修力量均有明确的职责及任务区分,下一层次的多支维修保障力量共同构成上一层次的维修保障力量。对维修保障力量进行编配,首先要对维修保障力量进行层次的划分,明确各层次维修保障力量承担的维修任务等级和相关任务量;其次,需要对同层次的维修保障力量进行区分,确定同层各维修保障力量所需保障的作战区域、方向和装备类型;再次,需要对各维修保障力量的维修保障专业进行设置,确定各专业维修保障力量的专业修理任务;最后,需要对各专业维修保障部(分)队进行单元化编组,形成具有独立遂行维修保障任务的、最基本的维修保障单元(下面称为基本维修单元)。

1.2 国内外研究动态

装备作战单元维修保障力量的编配优化涉及维修力量的级别划分、同级维修保障力量区分、维修保障专业设置和底层基本维修单元编组等众多问题,各层次维修保障力量力度的粗细程度不同,呈现出不同的特点,编配优化技术的重点和难点也各自不同。为此,本书将在上述四个方面对国内外相关的研究现状进行综述。

1.2.1 维修保障力量级别划分研究现状

1. 装备维修保障系统结构设计方法

1)基于现行体制编制的设计

基于现行体制编制设计就是依据现行部队体制编制为基础对装备保障系统结构进行设计。这样,结构设计的方案优点是系统设计只需要进行较小调整,而与现行部队编制体制结合比较紧密。文献[4]中基于我军现行体制编制将装备保障力量体系结构设计区分为五级方案和三级方案,五级方案在总部、军区、集团军、师(旅)、团(营)都设有装备保障力量,三级方案只是不在作战单元师(旅)、团(营)之下编设队属装备保障力量,而是将队属装备保障力量加强、融合到联合作战部队直属的诸军兵种混合编成装备保障营之中。

2)基于多智能体的设计

多智能体(Multi – Agent)系统是一种由多个 Agent 组成的分布式自主系统,多个 Agent 之间相互协作、相互支持,能完成系统的共同目标。采用多智能体装备保障系统设计,能使系统自身具有快速的动态重组能力,最快地适应环境的动态变化。文献[5]以战术层次装备保障系统为例,根据保障要素和保障活动的过程状态设计了基于多智能体自适应装备保障系统框架。文献[6]利用 Agent 技术对海军某基地弹药供应系统进行了整体的设计,提高了海军军械保障指挥水平。

3)基于分形理论的设计

曼德尔布罗特(B. Mandelbrot)于 1975 年发表了题为《分形:形状、机遇和维数》的专著,首次系统地阐述了分形几何的思想、内容、意义和方法。文献[7]总结了分形集合的五条非确定性的特性,促进了分形理论的建立。1992 年,德国瓦内克首次将分形理论用于分形公司,使组织结构适应环境变化。文献[8]将分形理论用于装备保障系统组织结构设计,实现装备保障系统的动态重构,从而提高装备保障系统运行的敏捷性。

4)基于信息网的设计

信息网络技术的发展已影响并逐步改变着军队作战的方式和手段,对装备维修保障产生了深刻的影响。文献[9]提出了基于军用信息网构建通信导航装备远程维修保障系统的总体架构,利用计算机、网络、无线通信等现代信息网络技术为前方武器装备的使用、维修、修理及战场抢修提供及时、准确的技术指导和决策支持。

5)基于产品的设计

许多研究人员将产品设计的理论和方法用于装备系统或体系设计中。关于产品设计理论和方法有关的设计研究一般可以分为以下四种类型:一是以决策为基础的设计(Decision Based Design ,DBD);二是公理化设计;三是系统设计方法;四是以知识工程为基础的设计。其中,以决策为基础的设计认为设计过程就是一个决策过程。它被认为是一种工程设计的框架,设计从客户要求开始,然后确定工程指标,提出方案,评估方案,最后为细节设计选择最佳方案。除了提出设计界域和可供选择的设计方案以外,设计过程的主要步骤要么涉及选择决策,要么涉及折中决策(或平衡决策)。系统化方法设计是由一步一步的步骤组成的,从功能描述开始,到分解,寻找方案,再到方案设计、具体设计和细节设计。文献[10]利用公理设计提供的设计框架进行武器装备体系设计,并采用设计公理作为体系设计合理性的判定依据;文献[11]利用公理设计理论对重构制造系统进行设计,降低了系统设计的复杂性;文献[12,13]提出公理化设计的设计实例知识重用方法,建立了多级设计实例的层次模型和基于多级实例的知识重用模型,实现了多级设计实例的重用。

由上述可知,装备维修保障系统结构设计以现行体制编制为基础,向仿真化、模块化、产品化设计发展的趋势。

2. 装备修理级别研究现状

1)国外修理级别研究现状

文献[14]提出了修理级别分析(Level of Repair Analysis,LORA)问题,其目的是将维修任务经济地分配到约定的修理级别中,以减少全寿命周期费用。修理级别分析不仅在外国军方大力开展研究,在一些地方研究机构也相继展开研究,并在设备维修保障方面也取得了一定的成果。文献[15,16]提出运用整数规划来求解修理级别优化问题,并称之为 LORA – BR 问题;文献[17]提出基于LORA – BR 问题的最小费用的同态图表方法,并提出了图表理论研究方法去解决修理级别分析问题;文献[18,19]提出修理级别分析的一般模型,将修理的费用分成两部分,一部分为固定成本,另一部分为可变成本,通过分析研究修理动作产生的费用,使其总费用最小。

2)国内修理级别研究现状

国内很多单位对修理级别也开展了深入的研究,如文献[20]利用前馈式神经网络模型的改进方法,提出了一种新的化工设备维修决策方法。根据设备的各状态因素判断出设备应属维修等级,制定相应维修策略。文献[21]利用模糊神经网络,从历史数据中学习专家经验知识,进行维修决策,该模型经过学习后,输入一些状态参数就可以得到船舶柴油机的劣化程度,从而进行维修决策。这些方法需要大量的历史数据训练网络,计算量较大。文献[22,23]以可靠性理论、逻辑决断法、模糊数学为基础,通过确定机械设备及零部件的劣化程度评价其技术状态,以最终决策出相应大修、项修等各类维修类型。文献[24]分别简述决策树法、报废与修理对比法、基于 AHP 的修理级别分析法、系统分级与费用法、基于事件估算费用法、基于灰色局势决策理论的分析法、模块化装备修理级别分析法,并讨论了各种方法的优缺点。许多军队院校对修理级别也相继开展了研究,如文献[25]以战时装备维修工作量为依据对装备维修等级进行划分,将陆军通用装备战时维修力量分为 3 层次 7 级别。利用战时装备维修工作量作为战时装备维修等级划分准则,构建了以装备维修工作量为基本标准兼顾维修保障系统结构设置的新型战时维修等级划分方法,并建立了战时装备维修等级划分流程。文献[26]针对不同维修级别进行经济性分析。文献[27]给出修理级别分析的非经济性分析和灰色局势决策法的修理级别经济性分析方法。文献[28]运用分析决策树模型和经济性分析模型分析舰船装备的维修级别,重点研究了面向装备的维修级别分析方法。文献[29]根据装备结构,运用使用可用度分配模型,确定分系统使用可用度要求,构建以使用可用度为判断准则和运用蒙特卡罗理论的修复性维修系统维修级别分析仿真模型,结合某型地空导弹武器装备的使用情况及基本参数,进行仿真分析,得出不同地区装备备件的维修级别方案。

1.2.2 维修保障力量区分研究现状

维修保障力量的区分根据作战力量的作战方向、作战地域等的划分,分析、预测相应作战力量的维修保障资源需求,结合本级所属维修保障力量的总规模,将本级别的维修保障力量分别部署在不同的作战地域,对相应方向、区域内的作战力量实施有效的维修保障。针对其相关的内容,本书从维修保障资源配置和维修保障力量选址两方面进行综述。

1. 维修保障资源配置研究现状

资源的优化配置是一种特殊的设计行为,即给定一个系统的资源参数集、参数间的约束关系和特定用户需求,从参数集中选择出一套方案,合理配置资源以期达到系统优化的目的[30]。目前,资源优化配置问题已经应用于多个领域,其对于提高系统效率、发挥资源效能和节约成本具有重要意义。

通常认为,装备保障资源包括保障设备、备品备件、人员数量、专业与技术等级、保障设施、技术资料、训练与训练保障、计算机资源保障以及包装、装卸、储存和运输八大类,各类资源在使用过程中发挥着不同的性能,并呈现出不同的特点。保障资源配置的相关研究工作根据所研究的资源种类不同,所采取的方式方法也有所区别。构成维修单元主要资源为维修人员和维修设备,因此本部分主要从不区分种类的资源配置和维修人员的优化配置、维修设备的优化配置研究三部分对维修资源配置的研究现状进行介绍。

1) 不区分种类的资源配置研究

文献[31]根据维修任务所需的总工时,以及维修单元完成维修任务的标准工时,计算出对维修单元的数量需求,计算公式为

$$s = \frac{XZQ}{T} \tag{1-1}$$

式中:s 为维修资源需求数量;X 为待修理装备数量;Z 为装备修复的标准时间;Q 为资源模块中资源数量;T 为维修活动的有效修理时间。这种方法忽略了装备修理过程中装备由于维修资源被占用而排队等待的时间,并且没有考虑多个维修任务共用同种维修资源时的资源冲突问题。

文献[32]认为,"维修资源优化的目标要考虑三个方面的因素:费用因素、效能因素、时间因素。也就是说,优化的基本原则是节省费用、缩短工期、达到规定效能。"对备选维修工序和维修资源方案进行费用分析、时间分析和效能分析,确定了一套在工程上实用的资源优化技术。

文献[33,34]对多任务维修资源的冲突问题进行了研究,分别从不同的角度分析了维修资源冲突产生的原因。文献[33]指出"维修资源信息冲突的消解其实质就是维修资源本身冲突的消解",针对维修资源冲突产生的原因提出了相应的冲突消解方案。文献[34]则认为,"计划不周、战场态势预测不准、信息流通不畅、人为差错"为引起战时维修资源冲突的主要原因,然后建立了多维修点资源优化调度模型,给出了基于维修点保障优先度的资源优化调度算法。

文献[35]提出了运用进程调度理论和基于维修时间窗口方法的资源调度方法,指导维修资源的预配置,在分析了敏捷维修中维修资源冲突产生根源的基础上,提出了在维修资源配置过程中采用结构化处理和非结构化处理相结合的资源冲突消解策略。

文献[36]运用动态规划方法对维修保障资源在不同需求点间进行分配,得出所有可能的资源分配方案,并通过对各方案优劣的评价得出最优的资源分配方案。但该方法要对全部的分配方案进行评价后才可得出最优的资源配置,当需求点较多时,会产生组合爆炸问题。

文献[37,38]认为,不同种类的维修资源分配到不同级别的维修机构其所发挥的效能不同,据此提出了维修资源的单位效能概率。以此为基础,采用粒子群算法,对维修资源在各级别维修机构间的配置问题进行了研究。

文献[39]提出了如图 1-1 所示的维修保障资源优化决策的研究思路。该研究将主要的工作放在对作战任务进行分解、分析作战任务过程中的维修保障需求上。以此为基础分析了消耗资源和非消耗资源(人员、设备)的需求量,同时对维修保障资源的调度进行了分析,将总的维修保障资源配置到具体的维修分队中。

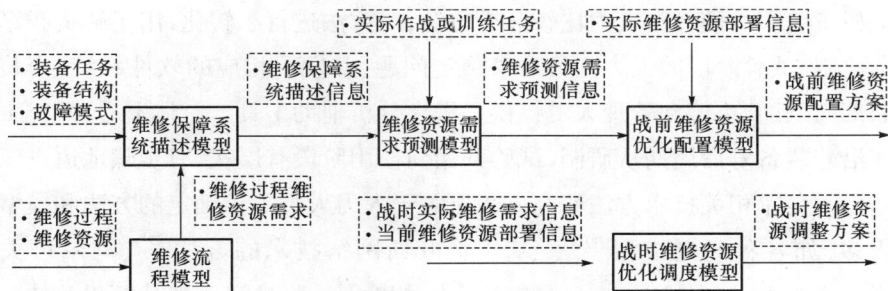

图 1-1 维修保障资源优化决策的研究思路

以上所介绍的研究,均未对维修保障资源的种类进行区分。但实际过程中,维修人员和维修物资间往往存在一定的数量约束关系,如某一设备必须由两名相关专业人员同时进行操作,这使得任务对维修人员和维修物资的需求量并非1∶1的关系,上述研究均没有考虑这种资源间的相互联系、制约关系,所以这些方法在实施过程中还需对维修人员、维修物资分开进行考虑。为避免这种资源间相互关系的影响及各种研究目的的需要,一些文献单独对维修人员或维修设备的优化配置进行了研究。

2)维修人员的优化配置研究

各国军方都非常重视武器系统的维修保障人力人员需求问题,美军较早涉足这一领域,研究内容涵盖了维修保障人力人员的管理机制和策略、需求预测、职业分析、人员的训练和心理问题等诸多方面。在不断的探索和实践工作中,美军发现人力人员及其训练问题需要作为一个整体进行管理和研究,否则将会导致很多重复性工作,技术方法也很难达到预期的应用效果。为此,各军种都建立了相应机构全面负责相关问题的规划,制定了许多针对性的约束文档、技术手册、军用标准和规章、条例,设立了大量相关研究机构,使相应研究工作逐渐标准化、体系化,大大推动了该领域的研究进程,形成了许多需求一体化分析模型和工具。

我军在该领域的研究主要是20世纪80年代末引进了综合保障工程后展开的。部队、军队企业化工厂、院校和研究所的技术人员开展了多项专题研究,在新研装备和战时的装备保障人力需求预测方面形成了多种有价值的方法。20世纪90年代中后期,有些学者开始关注人力人员需求问题的综合性研究,系统地剖析了美军的硬件与人力比较分析方法,对方法进行了转化,用于解决我军在装备研制、试验阶段的人力人员需求确定问题,开发了相应的软件系统,为装备研制部门、试验决策和管理人员提供了需求分析辅助工具。总体上看,研究工作正在沿着装备寿命周期从研制、试验开始向使用阶段有层次、有步骤地迈进。

（1）美军相关技术方法研究。美军关于人力人员需求确定的方法和模型种类很多,如各种规划模型[40,41]、基于贝叶斯网络技术的方法[42]、马尔可夫模型[43]、基于 Agent 的方法[44]、比较分析方法以及各种时间序列分析模型[45]、神经网络模型和仿真模型[46]等。相关方法主要分为两大系列:比较分析方法和仿真方法。图 1 - 2 选取了这两个系列中几个有代表性的方法,对它们之间的关系及其所处的管理状态和当时大致的技术环境进行了总结。

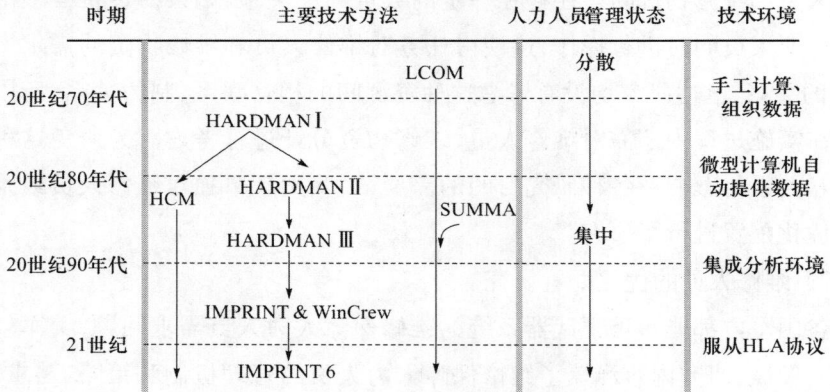

图 1 - 2　国外维修保障人力人员需求预测技术方法的比较

主要技术方法按比较分析和仿真两条线索展开,按照产生时间先后依次排列。HARDMAN Ⅱ 和 HCM 方法均由 HARDMAN Ⅰ 发展而来,并且 HARDMAN Ⅲ 及其基础上形成的 IMPRINT 均属于比较分析和仿真相融合的方法。技术环境主要反映了从手工分析到计算机的普及,乃至网络技术的发展过程,它们与相应技术方法的发展密切相关,并为其研究提供了信息技术的支持。

① HARDMAN(Hardware vs. Manpower)系列方法,用于武器系统采办过程中分析士兵资源并辅助决策。HARDMAN Ⅰ 和 HARDMAN Ⅱ 是新研装备维修保

障人力人员分析使用最广泛的技术,为传统的装备维修保障人力人员分析提供了方法体系。如果新研装备的维修保障人力人员需求没有大的、实质性的变化,那么 HARDMAN Ⅰ 和 HARDMAN Ⅱ 是非常好的通用性方法,反之不然。而且,该方法对大型复杂装备的维修人力预测结果并不理想。与 HARDMAN Ⅰ 和 HARDMAN Ⅱ 相比,HARDMAN Ⅲ 的变动比较大,在比较分析的基础上结合了仿真方法,将新研装备与相似系统的仿真结果进行反复的对比分析,以确定新系统的需求。

② 硬件与人力比较分析方法(Hardware vs. Manpower Comparability Methodology,HCM)。20 世纪 80 年代初期,美国陆军行为与社会科学研究所(ARI)在海军 HARDMAN 方法的基础上,形成了陆军的一套解决人力人员需求问题的方法体系,即 HCM。1983 年,NASA 喷气推进实验室(JPL)受命评估陆军 HCM 方法。通过四个实验性的应用得出结论:HCM 适用性、分析性强,用户易接受,并且其中两个实验结果表明 HCM 分析精度可达 80% ~ 90%。1990 年,ARI 再次对 HCM 进行改进,建立了系统的管理体系。经过多年实际应用和改进,该方法逐步得到完善,成为一种较成熟的解决人力人员需求问题的模型。目前,该方法已成功应用于火炮、装甲、防空、指挥与控制和情报系统等一系列武器系统,效果良好。

③ 小型装备作战单元维修人力分析 (Small Unit Maintenance Manpower Analyses,SUMMA)。SUMMA 采取工作合并(Job Combine)或工作扩大化(Job Enlargement)的方式重新定义维修工作,以保证小型装备作战单元在战斗行动中具备充足的维修人力。该模型包含一个作业分配优化子模型和一个维修保障人力人员需求与费用分析子模型。它一般作为 LCOM 的一种维修作业信息源和工作更新后的性能验证方法出现。该模型应用范围有限,处于扩展研究过程中。

④ 工作组视窗(WinCrew)。WinCrew 是一种针对在研系统解决人力与工作量是否匹配的理想工具,可帮助系统分析人员预计并评估功能分配、人员数量、作业设计和信息表达模式,可分析工作量等变化引起的系统性能的改变,还可用于评价人力资源选择方案,计算系统的作战能力,分析作战背景下的基本任务和工作量等。该方法较简单,但使用时段要求限定在"里程碑"Ⅱ之前。

⑤ 性能改进研究集成工具(Improved Performance Research Integration Tool,IMPRINT),一个在 HARDMAN Ⅲ 基础上发展起来的随机网络建模工具,目前已

应用于多种武器系统。主要用于确定人力对武器系统设计产生的约束,分析紧张环境条件下使用和维护人员的能力,还能够为寿命周期内人力费用的评估提供支持,辅助评估全寿命周期内士兵和武器系统的综合性能。通过对装备作战单元各个装备逐一进行需求预测,该模型还可用于装备作战单元的人力需求预计。

比较分析方法和仿真方法远不止上面的五种,如早期的比较分析(Early Comparability Analysis,ECA)方法、专业结构化系统(Specialty Sructuring Sysgtem,S^3)、空军基地资源的战场仿真(TSAR)模型等都各有特色,从不同角度发挥了自己的作用。

(2)我军相关技术方法研究。目前,我军采用的人力需求预测方法主要有下面几种:

① 基于使用与维修工作分析的人力需求预测方法[47]。这是一种具有通用性的确定装备人力需求的方法。以任务分析、FMECA(故障模式、影响及危害性分析)和 RCMA(以可靠性为中心的维修分析)等分析技术为基础,预测每项工作所需的年度工时数,根据全年可用于维修的工作时间求得所需人员总数。随着复杂武器装备在部队服役时间的增加,可有大量数据来进行详细的维修工作分析,在此基础上能得到更为具体的人力估计值。

② 利用率法[48]。其核心是根据维修人员每人每天的利用率来计算人员的数量。基本思想是根据使用与维修工作分析的结果得到某修理级别上某类修理工应该完成的任务及时间,综合考虑维修工作的频度(维修次数)、装备总数、年工作时间等确定全年总的维修工时,计算各修理级别、各专业维修人员的数量。

③ 相似装备法。利用装备之间在硬件结构上的相似性,由已知装备的使用与维修人力配置情况,推算出新装备的人力需求。

④ 工时估算法。根据经验数据确定各类装备战时的损坏率,轻损、中损、重损和报废比例,以及装备在某种程度损坏下的标准工时,估算各类装备的战时修理总工时数和战时的实有工作时间,得出粗略的人力需求。

3)维修设备的优化配置研究

从装备系统与任务的角度出发,保障设备配置数量不仅与基本作战单元中装备的数量,装备自身的可靠性、维修性和保障性设计水平相关,也与装备的使用任务以及保障系统中其他保障要素相关。美国陆军总司令部在 AR700 - 127《综合后勤保障》中讲到综合后勤保障要素时,指出各类保障要素数量确定时应考虑的影响因素,保障设备数量确定时应考虑使用约束、环境影响、效率、经济性等。当前,保障设备配置数量确定方法中已经考虑的保障要素包括保障设备所在的站点以及使用保障设备的保障活动的相关信息,包括保障活动到达服从的分布、保障活动是单个到达或者批到达(不同的故障件送修策略)等。除了前面已经考虑的保障要素以外,还有其他保障要素需要考虑而未在现有的保障设备配置确定模型中体现,包括保障活动要素中的保障活动流程与保障资源要素中的维修保障人员技能水平和配置数量等。

目前,保障设备配置数量确定方法主要有定性准则确定方法、定量计算方法和半定量计算方法。

(1)定性准则确定方法。定性准则确定保障设备数量主要是根据部队编制和保障设备是否常用进行配备。部队编制与装备类型相关,装备类型不同,其编制也有所不同。以飞机基层级维修保障设备数量配置为例,飞机基层级维修保障编制自上向下可分为大队、中队、分队和机组,一般而言,越常用的保障设备配备比例越高,并且会配备到更底层的编制中;反之,则配备比例越低,并且会配置到更加高层的编制中。例如,凡机组常用的,使用前后所需的保障设备按 1∶1 比例配套,即保障设备配备到每架(辆)装备;机组不常用的应配到分队或中队级。

(2)定量计算方法。定量计算方法包括比例配套法和排队论法。其中,比例配套法是利用保障设备平均工作时间匹配其数量。其原理是为了使设备达到某一成功的概率,必须在一定的时间内完成维护工作,因此如果一台保障设备的平均维护时间已知,且不能满足要求,必须增加保障设备以减少设备的停机时间。排队论法是将保障设备的使用(维修/保养/定检/机务准备/⋯)过程看成一个随机服务系统(排队系统),保障设备为服务方,维护项目为顾客。根据作战任务需求,装备的停机时间有一定的限制,为了考虑停机时间不超过某一规定的限额,可以用排队论来确定保障设备的数量。排队论法是当前国内外对于保障设备配置数量确定研究最多的一种方法。

国外方面,Alfredsson[49]给出了费用约束条件下的备件和保障设备数量以及保障设备配置地点确定模型,将保障设备配置地点的确定融入到多级备件库存优化问题中,目的是确定装备完成指定任务所需的备件和保障设备数量的同时确定保障设备配置地点。文中采用类似修理级别分析中经济性分析法的技术确定保障设备的配置地点,利用排队理论建立故障产品的维修等待模型,并将故障产品的维修等待时间纳入故障产品的维修周转时间,从而在一定程度上将故障产品维修和维修设备数量需求关联起来。Diaz 等人[50]在备件库存优化模型中考虑了保障设备数量对故障产品维修时间的影响,给出了故障产品等待维修保障设备时间的计算公式,并将其作为确定保障设备数量的指标要求。Rothkopf 等人[51]研究非稳态 M/M/c(顾客到达间隔时间服从指数分布/维修服务时间服从指数分布/服务台数量有限)排队系统中顾客等待时间的计算模型。文中给出了顾客等待时间的近似计算公式,此公式适用于对不同种类故障产品共用同种类保障设备情况进行分析。Dyer 等人[52]证明了在 M/M/c 服务系统中顾客等待时间是服务台数目的单调递减凸函数,认为应用婪算法(边际分析法)优化保障设备数量是可行的。

国内方面,王乃超[53]介绍了故障产品维修过程及送修策略确定方法,在此基础上,运用排队理论建立了在故障产品不同送修策略下的保障设备数量确定通用模型,解决了非单件送修策略下的保障设备数量确定问题。武洪文等人[54]针对传统分析法中设备占用率采用经验值造成可信度低的问题,提出了一种基于不同故障模式发生情况条件概率求解设备占用概率的算法,并给出了这种算法的适用范围。施京华等人[55]用马尔可夫模型解决车间生产线规划中设备数量决策问题,将设备状态分为完好、轻微损坏、严重损坏、不能运转四种状态,通过马尔科夫链确定生产设备的故障状态转移矩阵,然后在这个矩阵的基础上推得终极状态概率,进而根据生产任务要求得出设备需求量。陈宇晓[56]将备件库存优化上常用的备件保障概率模型应用到设备数量预测上,将设备故障停工损失和储备设备所耗费用作为确定最佳设备数量的约束条件。

(3)半定量计算方法。当缺乏工程数据,无法进行定量计算时,可以采用半定量评分方法确定保障设备的数量,请有工程经验的专家对保障设备的几种因素进行评分,根据评分情况计算保障设备配备的数量。在评分时,主要考虑以下几种因素:保障设备价格、保障设备操作复杂程度、所维护项目的重要程度、保障设备可靠性、保障设备类型和保障设备使用率。

2. 维修保障力量选址问题研究现状

维修保障力量的选址主要是以固定维修设施为主进行的。当前,国内对于维修设施选址的研究已渐渐重视起来,尤以最大覆盖选址及由其扩展而来的模型居多。马云峰[57]以总的顾客对服务站响应速度的满意程度最大为目标建立了最大覆盖选址问题模型,并基于拉格朗日松弛的启发式算法对模型进行了求解。翁克瑞[58]以传统的最大覆盖选址模型为建模的原型,研究了基于禁忌搜索算法的模型求解方法。杨丰梅[59]和王非[60]分别对目前国外选址问题的研究进行了综述,其中杨丰梅重点从问题的性质、算法设计思想与计算复杂性等方面总结了现有的研究成果,并对 p - 中值问题、覆盖问题、p - 中心问题这三种经典问题的关系进行了分析;王非更侧重于对模型、求解方法以及各领域问题的相互关系的讨论,除了三种经典选址问题以外,还介绍了包括多产品问题、动态选址问题、多目标选址问题、路径选址问题、网络中心选址问题等其他设施选址方法。

当侧重对现有维修力量进行合理布局、分配时,多运用维修保障网络的相关理论进行研究。保障网络优化设计的主要目的在于优化保障网络的结构和运行机制,以实现既定的保障目标,决策内容主要包括:①保障设施的选址决策;②保障设施与设施间、与保障对象(即作战单位和装备)之间保障服务关系的确定;③系统中保障力量分配和设施处的资源配置决策。最终解决装备保障力量和保障资源在时间、空间、任务等多个维度上的分配和部署问题。

王文峰[61]将战役装备维修保障设施选址,系统中保障单位、保障设施与作战单位和装备的保障关系确立,以及维修保障资源的科学配置综合起来进行研究,设计了战役装备维修保障网络,并依据维修资源(主要是服务台)有限与否、维修保障关系是否可调整、是否可调整保障单位的资源配置方案,将问题划分为六类子问题进行了研究,分别建立了装备维修保障设施选址和资源优化配置模型,较好地解决了战略、战役级维修保障网络优化问题,有一定的应用及推广价值。

1.2.3　维修保障专业设置研究现状

从目前所能够查阅到的资料来看,关于维修保障力量内部专业设置的研究较少,能够达到操作层面的专业组合优化的方式方法研究更是少之又少,下面从维修专业设置方式、专业组合方式方法两个方面进行归纳和分析。

1. 维修专业设置方式研究现状

目前,我军的维修专业主要按照装备类别进行设置,这种方式符合我军武器装备的发展现状,但是这种设置方式并不是唯一的,是在武器装备和作战需求发展相适应的特定阶段实施的,一些研究成果也对维修专业可能的设置方式以及特点进行了探讨。文献[62-64]对我军专业设置方式进行了较为系统的分析和阐述,将专业设置方式区分为按照装备类别、专业技术设置和混合设置模式。

按照装备类别设置专业的基本思想是将所保障的装备划分为大类,每个大类作为一个相对独立的专业,例如,陆军装备可以划分为军械、装甲、车辆、工程和防化五大类,在这种模式下,每个大类装备再按照所包含的装备种类和型号设置维修专业,如军械专业可设置轻武器、地炮、高炮、雷达等专业,并且可以进一步划分为二级维修专业。假设某陆军师编配 A、B、C 三类装备,每类装备又由多种武器构成,如 A 类装备由 $A_1, A_2, \cdots, A_n$ 种武器装备组成,则按照装备类别设置维修专业的模式如图 1-3 所示[62]。显然,这种设置方式与《陆军军事训练与考核大纲》中维修专业设置相同。

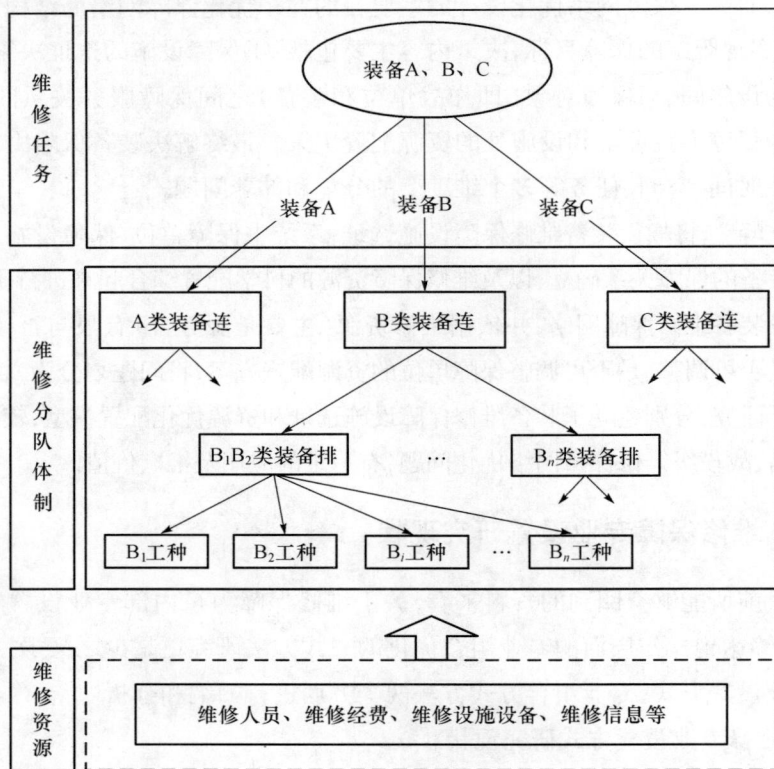

图 1-3 按照装备类别的专业设置模式

文献[62]指出,这种专业设置模式的主要特点:维修活动组织协调简单;对修理人员的业务水平要求较低,其技能较易得到提高;维修资源利用程度比较低等。此外,还给出了这种模式下维修专业和保障资源的关系,表明这种设置模式下保障资源的配置和使用情况,如图 1-4 所示,保障资源和专业之间形成了一一对应的关系,表明保障资源互相独立,其共享程度和利用程度都比较低。

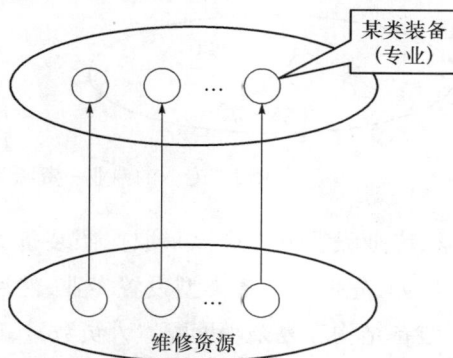

图 1-4 按照装备类别设置专业的专业—资源关系

按照专业技术设置专业的基本思想是将所保障的武器装备及维修资源(维修人员、设施、设备等)视为整体,从总体上划分技术,按照专业技术设置工种。例如,陆军装备可以分为机械专业、电子专业、电气专业、光学专业、化学专业等,还可以视情在大专业内继续细分,以便形成更为具体的维修专业。按照专业技术设置专业的主要特点:组织活动协调复杂;维修人员必须掌握多种装备知识,维修技能不易得到大幅提高;维修资源利用程度较高;适合高技术武器装备的保障等。在这种模式下,维修资源与专业是一对多的关系,维修资源共享范围和利用程度较高,如图 1-5 所示。

除了以上两种专业设置模式以外,报告还设计了按照混合模式设置专业,即按照装备类别和专业技术混合设置专业的模式。对于技术含量较低、涵盖专业较少的武器装备,采用按照装备类别设置专业的方式;对于技术含量较高、专业覆盖面广的武器装备,采用按照专业技术设置专业的方式。这种模式特别适用于武器装备技术水平参差不齐的情况。

此外,文献[65-69]也对装备保障力量的专业结构和设置方式进行了不同程度的分析,指出各级维修保障机构所需维修专业的构成是影响维修小组和维

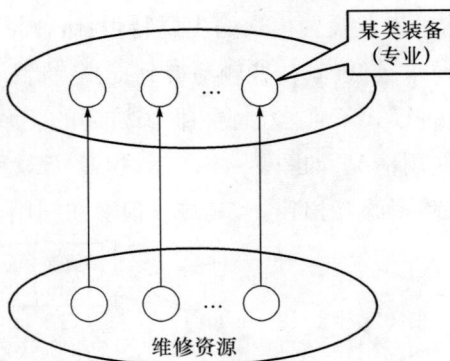

图 1-5　按照专业技术设置专业的专业—资源关系

修资源配置的重要因素,专业设置方式应该采取按照装备类型和专业技术相结合、相交叉进行编组。例如,先按照装备类型设置专业,然后按照技术专业对各专业进行细化,并根据装备结构和复杂程度配置人员数量,或者对于技术比较复杂、通用性较高的部件按照专业技术进行编组。总之,应该针对不同维修任务采取灵活的专业设置方式。

2. 专业组合方式方法研究现状

目前,我军对于专业组合的方式方法还没有进行系统的研究,但是围绕"四合四统"建设总要求,一些部队和保障机构进行了理论探讨和尝试性的实践工作,对专业组合提出了一些具体的措施和建议,并且尝试着付诸于实践。

文献[70]中对装备保障力量的组合方式和编成模式进行了探索。其中,对组合和合并具有互补性或相通性的专业进行了简单的阐述,但是对于如何合并和整合相关专业并未进一步的研究。文献[71]在"四合四统"建设模式下提出了专业组合的构想,具体来说就是将现行修理机构中军械、装甲、工程、防化、车辆等不同专业中的底盘、电气、电子、光学、机加以及无线电等专业进行融合,实现同一专业对各类型装备相同部件系统进行集约保障,最后按照组织结构设计的基本原理,对机械化步兵师的维修专业进行重组,但是并未提供具体的合并方法,如图 1-6 所示。

文献[72]以专业组合为基础,研究了通用装备保障模块化训练内容体系构建的过程和方法。其中,按照信息主导、技术支撑、体系保障、统分结合的要求,打破军械、装甲、工程、防化、车辆五大专业的限制,从保障任务需求出发将专业

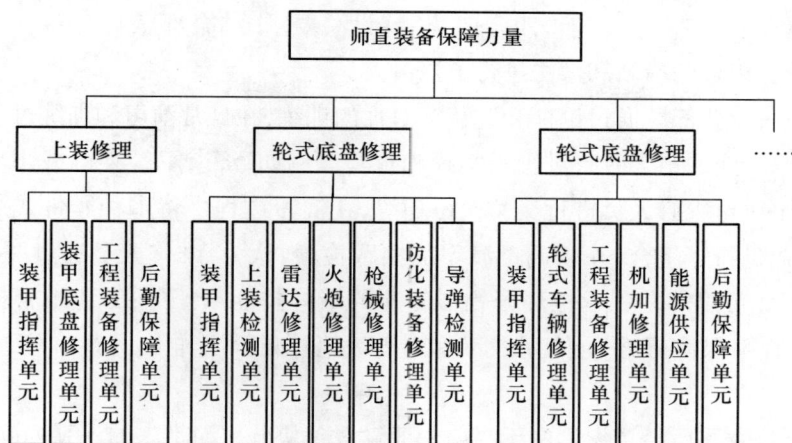

图 1 - 6　机步师基本保障单元编配

进行模块化组合,例如,将装甲底盘修理、自行火炮修理、大型工程机械修理等组合为履带式底盘保障训练模块,以提高维修专业之间的有机融合,但是并未对专业组合的技术途径和方法进行研究。

文献[73]认为技术是武器装备的核心,是界定专业的重要依据。由于新装备的科学技术相互融合、相互渗透,要求专业设置以及工种划分也应趋向聚合。而当前专业条块分割、力量分散使用、保障自成体系,使得这种"合"与"分"矛盾越来越不适应装备发展和保障需求,应当打破专业界限,对相近相似专业进行合并,如对军械、装甲中相近的专业进行适当的合并,从而提升各专业的综合使用效益。

文献[74]根据部队自身建设情况,积极探索、拓展和提高"四合四统"建设的方法,按照专业组合的要求和目标,采用新的编组模式将火炮修理工和装甲装备军械系统修理工进行组合并统筹使用,使得两种装备的中修工期缩短了近1/3,增强了保障力量综合使用的效益。

文献[75]认为应当立足现有装备保障编制体制,对专业的结构进行优化。主要是打破各兵种专业自成体系、自我封闭、小而全的格局,对各兵种的专业按照专业技术进行功能性整合和结构性优化,统分结合,合并相同保障专业和技术工种,对于技术性相通的各保障专业重新分类,并统一调配维修专业的任务,从源头上解决专业优化组合、训用一致的问题。

17

文献[77-78]立足于"四合四统"建设总要求,结合部队自身专业设置状况,对专业组合的措施和做法进行了探讨。

此外,一些部队通过论证和进行针对性的训练,在日常演习和训练过程中对部分维修专业的组合效果进行了实践和检验。例如,济南军区某机械化步兵师在通过平时对维修人员进行交叉换位训练,在演习过程中将多种履带式装备的底盘专业进行了组合,并且通过演习的实践检验,认为:维修人员通过"一专多能"的训练可以掌握和承担部分相似专业的维修技能和任务;专业组合提高了(大型)通用保障设备的使用效率和共享程度,减少了维修人员和资源的总数等。

目前,我军已经意识到由于当前专业设置条块分割而带来的一系列问题,审时度势,先后提出了"两成两力"和"四合四统"的发展思路,其中就维修专业而言,要求打破专业界限,以专业组合作为切入点实现专业之间的高度融合。事实上,这是装备保障一体化的具体实践和体现,也是维修专业由综合化向一体化发展的过渡阶段。因此,专业组合不是维修专业发展的最终结果,它是维修专业由"分"到"合"且向更高层次发展的过渡阶段,或者是促进维修专业"一体化"的途径和手段。

美军将相似的 MOS 专业组合为职业管理域(Career Management Field, CMF),其中 CMF 使用二维数字代码进行标识。美军认为"CMF 中任何一个专业的维修人员都具有学习和掌握该域中其他专业知识的潜力和才能"[79]。通常,它与组成 CMF 的 MOS 前两位数字相同,但这不是必需的。CMF 是由若干个相似相近或存在一定关系的 MOS 组成的,并且不同的 CMF 所涵盖的 MOS 数量不尽相同,有的只包含一个 MOS,而有的则涵盖了 30 多个 MOS。此外,美军进一步将 CMF 进行聚合,即将若干个功能相近或对象相同的 CMF 组合为职业管理域群(Career Management Field Occupational clusters, CMFs)[80,81]。通过组合后的美军专业设置呈树状结构,按照职业管理域群(CMFs)→职业管理域(CMF)→军事专业(MOS)层层向下分解和划分,如图 1-7 所示[82]。同样,对于准尉和少尉以上军官的专业设置也存在类似的情况,如少尉以上军官的专业 AOC 可以按照专业相似相近程度划分为功能域(Functional Areas, FA)或分支(Branch)。

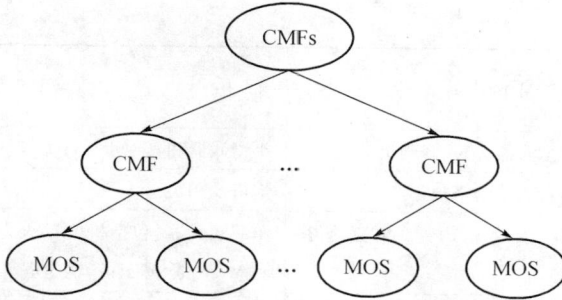

图 1-7　美军专业分类结构

目前,美军设置了 300 多个 MOS,并将其分为 33 个 CMF 类。表 1-1 所列为部分 CMF 中所涵盖的 MOS 代码、名称以及相应的保障对象。

表 1-1　部分 CMF 中所涵盖的 MOS 代码、名称以及相应的保障对象

CMF 代码: 名称	MOS 代码:名称	保障对象
23: 防空系 统维修	23R:"鹰"式导弹系统技工	"鹰"式导弹系统及相关的装备
	24C:"鹰"式射击部技工	"鹰"式导弹系统射击部及相关部件
	24H:"鹰"式火力控制系统修理工	"鹰"式 II 的火力控制系统及相关设备
	24K:"鹰"式连续波雷达修理工	"鹰"式 II 连续波雷达及相关设备
	24M:"火神"防空系统技工	"火神"防空系统及相关设备
	24N:美国机动防空导弹系统技工	美国机动防空导弹系统及相关设备
	24T:"爱国者"系统机械师	废除(Rescinded)
	⋮	⋮
29: 通信 维修	29E:无线电设备修理工	各种无线电装备
	29F:固定式通信安全装备修理工	固定式通信安全设备及相关部件
	29M:战术级卫星/微波系统修理工	战术级卫星/微波发射接收等装备
	35E:无线电和通信安全修理工	无线电接受和传输设备,通信安全设备,密码控制设备
	35F:特设电子装置修理工	夜视仪,探雷器,散射装置,电子距离和方位测量设备,战场照明设备,核生物化学警告和测量设备
	35J:电信终端设备修理工	微计算机,电机电信终端装备,传真机,火炮的数字设备
	⋮	⋮

（续）

CMF 代码：名称	MOS 代码：名称	保障对象
63：机械维修	45B：小型武器/炮兵修理工	小型武器和其他步兵武器，牵引炮
	45D：自行火炮炮塔技工	炮塔及相关系统
	45E：M1"艾布拉姆斯"坦克炮塔技工	车载式武器（包括机枪），火力控制有关部件，M1和M728战斗工程车辆炮塔等
	45G：火力控制修理工	战车、步兵和火炮的火力控制系统
	45K：军械修理工	坦克炮塔，战斗车辆，牵引或自行火炮，小型武器装备
	45N：M60A1/A3 坦克炮塔修理工	车载式武器（包括机枪），火力控制有关部件，M60A1/A3、M48A5坦克炮塔等
	45T："布雷德利"战车系统修炮塔技工	车载武器（包括机枪），以及牵引车，步战车，火力支援车辆、装甲车的相关系统
	52C：通用设备修理修理工	通用设备（空调电力和排气系统，冰箱电力系统，轻便加热器的燃料和电子系统，消防装填器及配件）
	52F：涡轮驱动发电机修理工	涡轮驱动发电机
⋮	⋮	⋮

美军进一步将其归纳为 15 个 CMFs 群，涵盖了所有的 CMF，为所有 MOS 组合和分类提供一个层次结构方案。表 1 - 2[83] 列出了美军部分 CMFs、CMF 和 MOS 的设置情况。

表 1 - 2　美军部分 CMFc、CMF 和 MOS 的设置情况

CMFc 名称（标示）	CMF 代码	CMF 名称	涵盖 MOS 数量/个
导弹维修（MIM）	23	防空系统维修	8
	27	陆地战斗和防空系统中级维修	18
通信（SC）	25	可视化信息	5
	29	通信维修	23
	31	通信操作	17
	74	数据自动化处理	3
航空（AV）	67	航空维修	23
	93	航空操作	4
电子维修和校准（EMC）	35	电子维修和校准	31
机械维修（MM）	63	机械维修	29

由此可以看到,美军的专业管理域群(CMFs)是由功能相近或对象相同的各个大类专业(CMF)组合而成的,如导弹维修是由各类防空装备的专业组成,而通信则是由与通信相关或具有通信功能的装备的专业组成。

美军 MOS 规定在新装备配发部队 30 个月之内就要明确相关的专业,而装备的退役或撤编以及专业的整合则会使一些专业被废除。美军从 2009 年 10 月 1 日起开始实行更改后的军械和财政军事专业(MOS)的 CMF 名称,将目前所有涉及维修的专业统一使用新的分类符 CMF91,将"财政管理"改为 CMF36。以上改动是在陆军减少士兵军事专业的过程中做出的,通过改动使得士兵军事专业名称与军官的名称更加接近,如将 63D(炮兵机械工"爱国者"系统修理工)改为 91P(炮兵机械师)以后将执行更为广泛的炮兵装备维修任务。此外,美军认为在陆军维修系统转型的过程中,其核心要求是"多功能维修"[84],如将组织层次的炮塔和车身维修任务与系统选定的一些原先由直接支援级别完成的任务结合起来,通过把许多维修上的军事专业(MOS)组合和合并起来,从而将军械部门招募军事专业机构从 43 个减少到 35 个,同时也促使士兵需要学习更多的技能组合,在一定程度上也促进了维修专业的组合效力。此外,近年来美军逐步意识到专业化组织固有的缺点,为了寻求一种最适宜的、能满足部队作战要求的维修组织形式,提出了一种"面向战斗的维修组织"的思想,认为将不同维修专业以及相应的维修资源采取不同形式组织起来,可以产生完全不同的效果。同时,每一个维修单元都有不同专业的维修人员,不仅可以完成本专业的工作,还可以协助完成其他专业的维修任务,这样,在一定程度上也促进了维修人员掌握其相近专业的原位维修工作。

1.2.4　基本维修单元编组研究现状

基本维修单元编组问题是根据维修任务对维修资源的使用需求情况,将维修资源"捆绑"形成固定的组合,多个不同种类的维修单元根据维修任务的种类、强度、数量等,像"积木模块"一样组合搭配,构成满足维修任务需求的维修力量。维修单元需求确定过程涉及如何将各类维修资源组合起来形成单元以及各类单元所需数量如何确定的问题。目前,针对基本维修单元编配进行的研究不多,根据研究内容的相关性,本书将分别从保障力量模块化和资源组合方法两方面对国内外相关的研究现状进行综述。

1. 保障力量模块化

从模块的基本特征来看[85],模块和单元并没有本质上的区别。模块强调作为某个整体的一个部分存在,而单元则更倾向于将单元作为一个独立的个体,当由众多单元组合成一个整体时,这些单元也就可视为是整体的一个模块。所以,本书中对模块和单元不做区别,认为保障力量的模块化的过程即是单元编配的过程,所形成的保障模块亦即保障单元。

1)模块化理论研究与发展

模块化作为一种设计方法,其初衷是为满足市场需求的多样化和多品种、小批量情况下产品生产的最佳效益和质量要求,使生产企业具有灵活应对市场需求多样化的能力。模块化思想最早源于 1920 年北欧斯堪尼亚货车公司将采取的汽车部件通用化思想[86],最早对模块及模块化概念进行定义的是 Starr 于1965 年发表的 Modular Production:a New Noncept Harvard Business Review[87]。

系统的模块化可根据系统的具体构成,统筹兼顾地采取构成要素系列化、功能单元系列化、结构设施通用化和系统方案典型化组合设计,从而使系统的研究成果获得更广泛的典型化运用。模块化的优点在于模块分解的独立性、模块组合的便捷性。目前,模块化技术和思想得以在产品及其生产过程、企业内部组织、产业组织以及创新过程中都得到广泛应用。

(1)产品及生产模块化。产品是最初体现模块化特征的,也是模块化思想的来源。模块化产品有两个基本特征:①稳定的模块化构架;②与产品构架可以相分离的功能性模块[88]。制造业中的模块化应用,就是按照模块化原则将制造系统分解成结构和功能独立的标准单元模块,然后按照特定模块化产品的制造需求进行模块的组合,使制造系统能够很容易地快速适应新产品的制造需要[89]。

(2)企业组织模块化。模块化产品的创造,不仅增加了产品设计的柔性,而且造成了柔性和模块化的组织结构。随着信息技术的发展和模块化技术成为主导技术,以及大规模生产向模块化生产的转变,从根本上动摇了层级制组织存在的技术基础。企业为适应快速变化的市场需求,在其内部形成模块化的经营单位,使每一个模块具有一种独特的核心竞争能力[90]。企业组织模块化在本质上就是对纵向一体化企业实施分离的同时引入市场机制的行为,它将在主导企业和模块企业间形成一种具有网络性质的组织形式。文献[91]认为,分散化的和模块化的组织结构能帮助企业获得跨期的范围经济。企业通过组织模块化和重新组合来获得跨期范围经济的能力,使企业不必通过商业单元间的高度协调,就能从相关多元化中受益[92]。

（3）产业模块化。企业组织模块化的发展演变出现大量业务外包,很多非核心业务可以游离于企业生产。模块化生产与管理促进了行业分化与新行业形成。产业内不同的业务模块相互进行合作,业务相同的模块互相竞争,企业更加专注各模块内部的设计。企业发展战略及行业形势也都因此而发生改变。模块化产品的生产实际上伴随着三种企业经营方式的定位,即通用模块供应商、专用模块供应商、集成产品整体功能的制造商[93,94]。

2）美军模块化现状

美国陆军自 1999 年 10 月开始推行转型计划,并提出与之相符的部队编制模块化的计划[95]。模块化编制是相对于固定编制体制而言的,是一种标准化的以旅为基础的"积木块组合式"的编制形式。美国陆军训练与条令司令部手册《模块化理念》把模块化定义为:一种兵力设计方法,它提供一种建立部队单位的手段,使这些单位可互换、可扩大、可拼组,以适应陆军变化不定的需要。该手册还提出了实现模块化的两种方法:第一种方法是建立一些在职能上具有仿效特性的增补分队,他们是某一单位的下属分队,但可仿效单位的职能和能力;第二种方法是把部队单位设计的能够复制、增加或改变其不同的职责能力,使该单位既可整体地在一个地点作业,也可作为该整体的各相互独立的部分在不同地点作业[96]。2004 年 2 月,美国陆军参谋长正式宣布开始实施部队编制模块化计划。美国陆军的模块化转型,将原来以师为基础的陆军整编为以模块化旅为基础的陆军。美国陆军模块化旅以标准编制设计为基础,主要包括旅战斗队、多功能支援旅和功能支援旅。

在作战力量的模块化背景下,为满足保障力量快速补充、相互替换、即插即用、按需配置的要求,美军认为传统的按专业划分的保障力量模式已不能适应当前的需要[97],而小型化、功能综合化的保障单元才是后勤保障力量的最佳模式[98,99],由此美军开始了保障力量的模块化转型。

美军在多功能支援旅中设置保障旅,负责作战区域内的战斗勤务支援,配有1 个基本支援营、1 个航空支援营和 3 个前方支援营,支援营具有弹药供应、运输、维修和器材补给等多种保障功能,其中基本支援营和航空支援营负责为全师所有部队提供支援保障,每个前方支援营专为 1 个旅提供支援保障[100];保障旅以建制、列编和配属三种编配方式为主[101,102],平时各保障力量分别集中训练和管理,战时则根据需要灵活抽组,形成多能、综合、积木式的保障力量系统,这不仅便于平时对各保障力量进行专业化的训练及管理,而且利于战时保障能力的快速集成。

除了保障旅以外,各旅战斗队也编有相应的保障分队,如重型旅战斗队下辖 1 个支援营,编有营部连、供应连、维修连和 4 个前方支援连(1 个骑兵支援连、2 个联兵支援连和 1 个炮兵支援连),如图 1-8 所示。其中供应连辖运输排、物资排;维修连辖维修控制排和维修排,维修控制排辖维修控制班和救险班,维修排辖车辆维修班和装备维修班,车辆维修班下分轮式车辆组、履带车辆组,装备维修班下分通信和电子组、武器装备组、辅助装备组;联兵支援连辖供应排和维修排;骑兵支援连和炮兵支援连采取与联兵支援连相同结构,骑兵支援连有 3 个前出维修班(到各骑兵连),炮兵支援连有 2 个前出维修班。模块化的支援保障营可灵活拆分、按需组装,使得美军战术级后勤保障效能显著提升[103,104]。

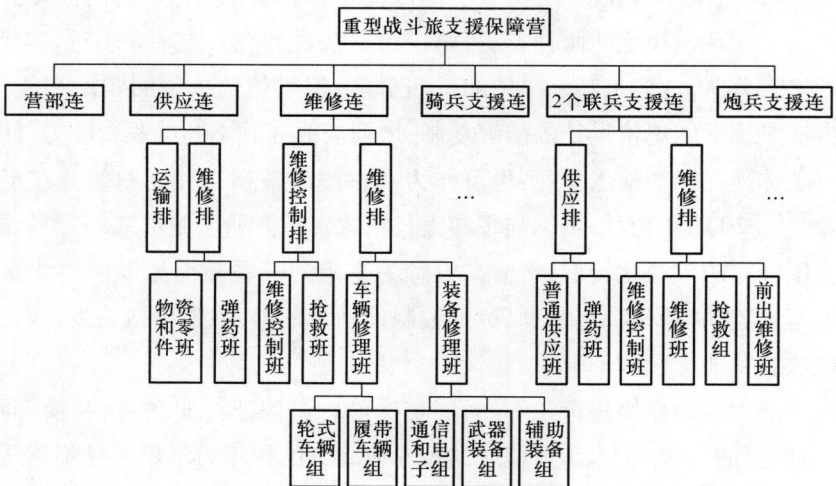

图 1-8 美军重型战斗旅支援保障营结构

美军保障力量模块化建设的指导思想是,通过对各种保障模块的抽调组合,快速满足不同任务需求。

3）我军模块化现状

我军兵力模块化、单元化编配的研究起步较晚。目前的多数研究成果只对模块化编组应注意的事项、原则等内容进行了论述，而关于平时如何构建模块化的军事力量、如何确定各兵力模块的资源构成、战时应如何根据任务需求进行兵力的抽组的研究相对不足。为此，本书分别从作战力量模块化、后勤力量模块化和装备保障力量模块化三部分，对当前我军军事力量模块化的相关研究及应用成果进行介绍。

（1）作战力量模块化。文献［105，106］对预备役力量模块化编组的原则、基本思路等进行了论述；文献［107，108］对地面防空兵部队模块化问题进行了探讨，提出了防空兵部队模块化的基本构想，对其所面临的问题进行了分析。

文献［109］从部队兵力构建的角度出发，将部队兵力模块化分为两步：第一，构架能够独立完成基本任务的基本力量模块，保证模块间的互联互通、功能互补，从而便于对模块进行组合；第二，在第一步的基础上，根据功能和任务指向性，构建不同层次、不同级别的作战部队。文章对作战任务进行层层分解，最终确定任务对各种作战能力的要求，对相似的作战能力需求进行归类，并以此为基础对作战力量进行归类，确定所需的作战力量模块类型。最后，文章对单一想定和多想定情况下的具体模块兵力构成进行了分析。

（2）后勤力量模块化。在后勤力量模块化建设方面，文献［110］对后勤力量模块化的优越性、建设重点、建设方法以及应遵循的原则进行了探讨；文献［111］对后勤组织模块及其模块化进行了探讨，定义了后勤组织模块和后勤组织模块化：

① 后勤组织模块相互独立，各后勤模块均有相应的保障功能、效能，可组合成多种后勤组织系统的标准化的后勤组织单元。

② 后勤组织模块化，就是为了取得后勤组织系统最佳的人力、资源配置效益，用分解和组合等组织系统结构的方法，建立后勤组织模块体系，并运用后勤组织模块组合成后勤保障系统的过程。

文献［112，113］为适应空军部队大范围、高强度应急机动作战的需要，以现有的营、团编制后勤力量为基础，对空军组建模块化后勤保障力量的重要性、必要性和基本模块化后勤保障分队组建要求进行了论述，提出了地域型与全方位型相结合、建制型与潜在型相结合、专业型与综合型相结合的模块化后勤组建形式。

文献[114]提出了野战救护力量模块化保障单元模式的总体构想,围绕现有的野战救护车、野战卫生救治舱车、野战医疗保障方舱车,将完成野战救护所需的医疗人员配属到相应的救护车辆,构成具有不同救护功能的野战救护单元。

文献[115]对现有的野战医疗所、综合手术队、专业手术队、野战血站等进行模块划分和调整,设立通信指挥模块、基本医疗模块、辅助保障模块和防疫防护模块,并对各模块的具体人员、设备组成进行了划分,同时结合汶川救灾、军区演习等军事行动,对模块化编配方案进行了检验,证明了模块化设置在提升分队反应速度、紧急救治能力、应对多样化任务需求方面具有很好的效果。

(3)装备保障力量模块化。文献[5]从系统可重组性设计角度出发,提出了装备保障系统组元模块化设计的构想,并对模块化组元的特征和模块化组织的特点进行了分析研究;文献[116]在阐述了战时工程装备保障力量模块化定义及内涵的基础上,建立了战时工程装备保障模块化模型,并分别对主要保障单元模块的划分和功能进行了描述;文献[117]在研究保障力量模块定义和功能的基础上,提出了获取力量模块的两种方法:功能仿效增量和模块化设计组元。

文献[161]给出了军械维修保障单元的定义,对军械维修保障单元组配模式的构想及其可行性、优越性进行了论证。在现有维修保障人员专业设置的基础上,构建了集保障人员、维修机具和维修器材三要素于一体的专业模块。2003年,在总装备部组织的军械装备维修改革试点工作过程中,对上述研究中维修保障单元化组配模式进行了试验与论证,并于2004年3月在大连专门修订了《全军部队军械装备维修单元配备标准》,初步认可了单元化组配模式的可行性。

文献[31]提出了最小维修单元的概念,分析了不同级别的最小维修单元的人员数量 Q_{ij},其中下标 $i=1,2,3,4$,分别代表轻、中、重损三个级别的战斗损伤率和报废率,j 代表不同的装备,总结了不同级别中维修单元人员数量的一般关系。通过确定战时装备最小维修单元人数和工时标准得到战场维修工时数量。

① 大型军械装备维修时:

$$Q_{2j} = (1.1 - 1.5)Q_{1j} \tag{1-2}$$

$$Q_{3j} = (1.5 - 2.5)Q_{1j} \tag{1-3}$$

② 小型军械装备维修时:

$$Q_{1j} \approx Q_{2j} \approx Q_{3j} \tag{1-4}$$

文献[118]提出了最小派出单元的概念,对最小派出单元的能力属性、资源属性进行了说明,但研究中明确指出不对单元的具体能力、资源构成等参数进行研究,文中所列数据均根据部队维修保障经验"假设"得到。

文献[119]引入模块化理论对维修保障资源进行优化组合,将维修保障资源模块定义为在规定的时间内能够完成某一规定维修保障任务的维修保障资源(维修的人力、工具、信息、资金、时间和备件)集合,其具体的模块化分析如图1-9所示。文中用维修保障资源信息来描述各类维修保障资源,引入熵理论来描述维修保障资源配置计划中的信息含量,分别计算各维修保障资源配置方案形成前后的信息含量值,认为数值较小的方案较优。将维修保障资源模块视为七元组 $B = \{M,P,F,S,T,I,\varphi\}$,其中 M 为维修工具集合;P 为人力集合;F 为资金集合;S 为备件集合;T 为维修时间集合;I 为信息集合;φ 为前几个因素在维修能力上的映射算子,将维修保障资源模块化模型表示为

$$\mathrm{Opt}\varphi = \varphi(B)$$

$$\mathrm{s.\,t.} \begin{cases} \sum_{i=1}^{l_M} M_i \leq M, & \sum_{j=1}^{l_P} P_j \leq P \\ \sum_{ki=1}^{l_S} S_k \leq S, & \sum_{m=1}^{l_F} F_m \leq F \\ t \leq t_w, & I_{qc} \leq I_{q'c} \\ M_i \geq 0, P_j \geq 0, & S_k \geq 0, F_m \geq 0 \end{cases} \quad (1-5)$$

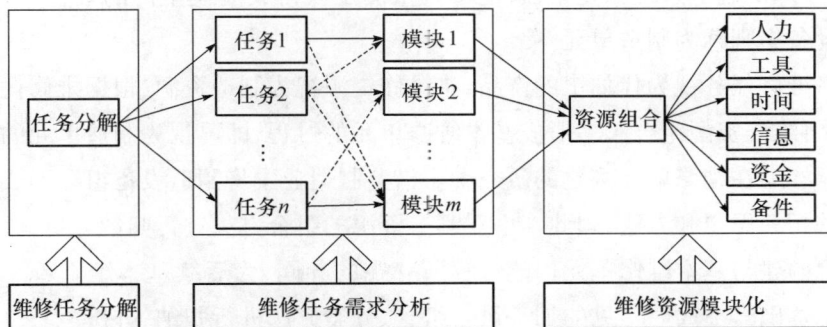

图1-9 维修保障资源模块化分析

——任务一定要使用维修指向的资源模块;·····—可能要使用指向的模块。

27

文献[120]从维修保障功能的分析入手,对维修保障任务的总体功能需求进行分解,运用专家打分法对分解后的维修保障子功能相互间的关联关系进行打分,进而计算出各子功能的相关度系数,并以此为依据将各个维修保障子功能进行合并,形成具有不同功能的维修保障单元。

文献[121]提出了装备维修基本维修保障单元的概念,按人员专业对保障单元进行了划分。该研究将各专业保障单元承担的装备修理任务,分解为存在紧前、紧后关系的若干工序,并认为各工序有多种实施方案。通过对各工序实施方案的选择,达到优化维修任务完成工期及维修保障人员需求的目的,从而定量化计算出了保障单元的人员构成。

文献[122]对军械装备的中修、小修最小维修人力单元进行了研究。该研究从军械装备中修、小修人员专业岗位设置、维修技术流程的分析与优化入手,对维修技术流程中维修作业所需各等级专业技术人员的工时需求进行分析,确定出维修作业的维修人员需求。最后根据维修技术流程是否重叠,选取各维修作业中所需维修人员的最大值作为该型武器装备中修、小修最小维修人力单元中相关专业技术人员的数量构成。该方法是典型的按照武器装备种类划分的维修保障单元类型。

2. 资源组合方法研究现状

在生产制造领域,利用产品加工工艺的内在相似性,按照其加工顺序的特征,计算产品与制造设备的关联关系,将不同的制造设备组合起来,对产品进行加工,可降低制造系统的复杂性,使小批量加工获得大规模生产的效益,形成的制造设备集则称为制造单元。

将维修任务视为代加工的产品,将维修资源视为制造资源,根据维修任务的需要,将维修资源组合起来形成基本维修单元的过程,即可视为制造单元的形成过程。本书在维修单元构建的研究中可借鉴制造业中将制造设备组合形成制造单元的相关思想和方法,因此本书对制造资源的组合方法进行归纳分析,总结制造单元构建与基本维修单元构建过程所存在的异同,为后续基本维修单元的构建打下基础。下面对常见的加工设备组合、分类方法进行归纳、分析。

1)基于编码的方法

基于编码的方法主要是对所需加工零件的几何形状、规格尺寸、精度要求、材料类型、复杂程度等特征进行编码,并根据编码的相似程度对零件加以分类,形成零件族,再根据加工零件族的需要组合加工设备,形成制造单元。常用的编码分类法有特征码位法、码域法和特征码域法[123,124]。

编码分类法的关键步骤是要合理制定各零件族相似性标准,以便将众多的待分类零件进行分选,使之归属于相应的零件族。相似性标准与分类的目的要求密切相关,标准是否合理将直接决定着零件族划分的结果。

编码分类法需要将众多的零件编码与各零件族特征矩阵逐个匹配,包括了大量的筛选与分类工作,既繁琐又易出差错,即使采用计算机辅助软件,工作量也相当大;零件相似标准的确定一般依赖于人的经验和判断,造成该方法受人的主观影响较大。

2）矩阵聚类方法

矩阵聚类方法是将零部件和机器关联矩阵作为输入,如表 1 - 3 所列,通过对初始矩阵的行列进行置换,直至形成由一组具有较高密度“1”的对角块组成的矩阵。在这个对角块矩阵中,每一个对角块代表一个设备组和一个零件族,如表 1 - 4 所列。

表 1 - 3　初始零件——设备
关联矩阵

设备	零件							
	1	2	3	4	5	6	7	8
1	1	1						1
2			1	1		1	1	
3	1	1	1		1	1		
4				1			1	1
5			1	1			1	
6								

表 1 - 4　单元构建后零件——设备
关联矩阵

设备	零件							
	3	4	7	1	2	5	6	8
2	1	1	1				1	
4		1	1					1
5	1	1	1					
1				1	1	1		1
3				1	1	1	1	1
6					1		1	

文献[125]提出了一个基于二次指派模型的成组方法,称为连接能量算法（Bond Energy Algorithm）。连接能量定义为关联矩阵中任何两个邻近元素间的键力总和,目标是使矩阵的连接能量最大化,形成与之对应的块对角矩阵。文献[126,127]提出了一种基于数组的秩列聚类法（RoC）。随后,文献[128,129]也分别对秩列聚类法进行了一些改进。

矩阵聚类法是一种简单的产品导向的单元设计方法,在算法的第一步往往需要给出一个任意的设备组合方案或一个直观的判断,并且这个任意性会影响到最终的分类结果,导致结果具有一定的不确定性。

3）层次聚类方法

层次聚类方法是通过设备或零件相似度的数据集,生成聚类层次或划分层次,该方法可分为两个阶段:第一阶段是计算各个设备间的相似系数;第二阶段是将具有同等相似度水平的设备进行组合。

在设备或零件相似系数计算方面,过去的几十年间出现了很多方法:文献[130]用 Jaccard 系数构建设备组;文献[131]采用 McAnley 法对几个实际问题进行了验证,并定义了零件间的相似系数用来构建零件族;文献[132]构建的相似系数包含加工需求、零件—设备关联矩阵、确切的加工顺序、每种零件的平均加工数量、加工每个零件的单元加工时间等;文献[133]考虑了产量,修改了 Jaccard 相似系数。文献[134]的研究表明,Jaccard 系数是现有相似度系数中分辨力最佳,且稳定性最好的。目前,一些重要的相似度表达式如表 1 – 5 所列[135]。

表 1 – 5   相似系数计算公式表

序号	作者	表达式 S_{ij}
1	Jaccard	$a/(a+b+c)$
2	Hamann	$[(a+b)-(b+c)]/[(a+d)+(b+c)]$
3	Yule	$(ad-bc)/(ad+bc)$
4	Simple matching	$(a+d)/(a+b+c+d)$
5	Sorenson	$2a/(2a+b+c)$
6	Rogers 和 Tanimoto	$(a+d)/[a+2b+2c+d]$
7	Sokal 和 Sneath	$2(a+d)/[2(a+d)+b+c]$
8	Rusell 和 Rao	$a/(a+b+c+d)$
9	Baroni – Urbani 和 Buser	$[(a+ad)/2]/[a+b+c+(ad)/2]$
10	Phi	$(ad-bc)/[(a+b)(a+c)(b+d)(b+c)/2]$
11	Ochiai	$a/[(a+b)(a+c)/2]$
12	Dot – Product	$a/(2a+b+c)$
13	Kulczynsk	$[a/(a+b)+a/(a+c)]/2$
14	Sokal 和 Sneath	$a/[a+2(b+c)]$

（续）

序号	作者	表达式 S_{ij}
15	Sokal 和 Sneath	$[a/(a+b)+a/(a+c)+b/(b+d)+d/(c+d)]/4$
16	Relative matching	$[a+ad/2]/[a+b+c+d+ad/2]$
17	Chandrasekharan 和 Rajagopalan	$a/\min[(a+b),(a+c)]$
18	MaxSC	$\max[a/(a+b),a/(a+c)]$
19	Baker 和 Maropoulos	$a/\max[(a+b),(a+c)]$

注:a 表示需在设备 i 和 j 上加工的零件数;b 表示需在设备 i 上而不需在设备 j 上加工的零件数;c 表示需在设备 j 上而不需在设备 i 上加工的零件数;d 表示不在这两台设备上加工的零件数

当前应用最多、较为典型的层次聚类法主要有：

（1）单连接聚类法。该方法根据同时需要两台设备加工的零件数和分别需要两台中任一台设备加工的零件数来定义机床间的相似度，并将较高相似度的设备进行组合[136]。

（2）平均连接聚类法。该方法用两组中所有个体相似性的平均值定义组间的相似性，该方法除了相似系数矩阵需随时修改以外，与单连接聚类法相同，其最大的缺点在于只要有一个新的设备，就需要修改相似系数矩阵，其计算量远大于单连接聚类法[137]。

（3）完全连接聚类法。该方法采用最小相似系数代替最大相似系数作为中间关系，进一步减少了连接问题[138]。

（4）线性单元聚类。其不仅考虑了两台设备上加工的零件，而且还考虑不需要在这两台上加工的零件的相似性，从而对设备进行组合[139]。

4）基于图论的方法

图论法是将设备或零件看做顶点，根据零件的加工过程建立零件之间或设备之间的联系，并结合这种联系的紧密程度确定设备—设备或零件—设备的关联矩阵。结合图论中的方法，从设备—设备矩或零件—设备的关联矩阵中获得不连通的子图，将子图中的设备或零件归为一个组，达到对设备进行组合的目的。

文献［40］提出了一种利用图分割的制造单元构建方法，采用 Jaccard 相似系数和图论的方法解决单元构建问题，其中每一个顶点代表一类机床，对每条连线赋予权值，权值就是相似系数值。事先设定好连接的阈值，仅当相似系数超过阈值时,两个顶点才能连接,如图 1 – 10 所示。文献[141]把制造单元构建转变为网络流问题,使用对偶算法来解决制造单元构建问题。其他方法还有文献[142]的启发式图分割方法、文献[143]提出的 Gomory – hu 改进算法等。

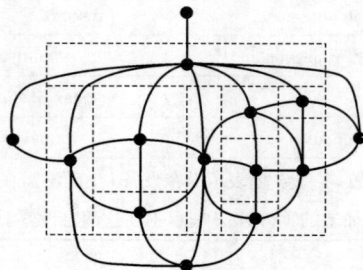

图 1 – 10　图分割法制造单元设计示意图

图论方法虽具有很强的直观性,但对于解决多品种零件、大规模单元构建等问题能力相对较差。

5）基于数学规划的方法

基于数学规划的方法由于目标函数及约束条件的任意选择性与零件结构及工艺的多样性相符合,其在制造单元构建中最具有应用潜力。目前,相关的研究已经从最初的简单完成零件—设备分组,发展至可综合考虑设备能力、设备成本、零件加工次序、加工时间等多种因素的组合方法。

文献[144]首次用线性规划技术解决了成组技术问题;文献[145]提出了一种基于改进遗传算法的多准则、多约束目标函数表达的整型规划单元设计问题;文献[146]提出了一种动态规划模型,在每一对象仅一次性地划分给某个组群的条件下,假定组群的个数已知,该模型的分组度量是求被划分到同一组中各对象的总相似值最大;文献[147]为制造单元构建提出了一种应用整数规划的 p -中值模型,阐明了考虑可选作业计划的重要性;文献[148]提出了一种在聚类和编码中形成零部件族群的整数目标规划模型;文献[149]考虑可选择的工艺计划,提出了一种非线性 0 – 1 型整数规划模型;文献[150]采用数学规划和模糊理论相结合的方法,提出了一种基于不完全知识和进化博弈理论的动态制造单元重构模型,它能够面向不确定的需求目标,采用自下而上和自上而下相结合的方法,快速生成稳定优化的可重构制造单元。

这些方法最明显的优点是能够合并预定顺序的操作、候选工艺、在同一台机床上非连续加工的零件、安装和加工时间等。但必须遵从三种严格的限定：①由于目标函数的非线性形式，大多数方法不能同时进行设备的分组和零件分族；②设备分组数必须事先设定一个优先级，这就严重影响了分组的结果；③变量被限定为整型，且计算相对复杂，使得这些模型在解决大规模的实际问题时具有一定的局限性。为解决以上存在的问题，一些研究中将当前的各种智能优化技术应用于制造单元的构建中，主要包括神经网络法、模糊逻辑法、遗传算法模拟退火算法等。目前，相关方法的研究仍在不断深入、完善当中。

1.3 本书主要研究内容

由于维修保障力量编配优化涉及众多问题，本书在对维修保障力量编配问题进行全面、系统分析的基础上，选择底层基本维修单元编配问题作为本书主要的研究内容，为此安排如下内容。

1. 装备作战单元维修保障力量编配问题分析

从维修保障力量编配的整体过程入手，对编配过程中各阶段面临的关键技术问题进行分析。选取最底层的维修保障力量编配问题——基本维修单元编配问题进行研究，对基本维修单元进行定义，界定基本维修单元编配问题的研究范围。

2. 基本维修单元编配问题的定量建模研究

选取参数对基本维修单元编配问题的相关因素进行描述，并建立各类参数的数学计算模型。在此基础上，对编配问题的设计优化域进行分析，建立典型编配问题的数学描述模型，为进一步的研究奠定基础。

3. 基本维修单元的分类设计方法研究

分析基本维修单元的分类设计原则、设计思路，借鉴制造单元的构建思想，以维修任务的资源需求为依据，对基本维修单元的类别设计方法进行研究；分析基本维修单元间的资源共享问题，研究确定共享资源类别的方法。

4. 基本维修单元的数量配备方法研究

以基本维修单元分类设计结果为基础，建立维修排队过程的仿真模型，确定基本维修单元配备数量与维修任务平均完成时间的关系。在此基础上，分别对以任务完成时间最短为目标和以资源成本最少为目标的基本维修单元数量配备问题进行研究,给出相应的求解方法。

5. 示实例分析

选取某防空旅某次演习时的基本保障群导弹修理组为例,对所提出的基本
维修单元编配方法进行实例验证,检验方法的可行性和有效性。

1.4　本 章 小 结

本章首先阐述了本书研究的目的和意义,然后对维修保障力量级别划分、维
修保障力量区分、维修保障专业设置和基本维修单元编配的相关研究现状进行
了综述,最后对本书后续的内容安排进行了简要的介绍。

第2章 装备作战单元维修保障力量 编配问题分析

本章在引出装备作战单元维修保障力量编配问题之后,将对各层次维修保障力量编配问题进行具体的分析和说明。然后,针对最底层维修保障力量编配问题——基本维修单元编配,进行详细的分析,界定问题的研究内容,为后续的研究内容奠定基础。

2.1 装备作战单元维修保障力量编配问题提出

作战单元是指部队建制中可以执行作战和训练任务的军事单位,包括所辖范围内的武器装备、保障装备、人员及相应的管理机构等[151]。一般情况下,作战单元遵从层次结构关系,是一个复杂的递阶控制系统,如陆军作战单元可以分集团军群、集团军、师(旅)、团、营等。本书中将作战单元中的全部武器装备和保障装备称为装备作战单元[152]。装备作战单元是有层次的,随着装备作战与训练任务复杂程度的不同,装备作战单元的层次及其所涉及的内容和范围也相应发生变化。按其执行任务的不同,可分为执行战略任务、战役任务和战术性任务的装备作战单元,它们分别涉及全军、战区、作战集团以及师、旅(团)军事单位所辖范围内的武器装备及其相应保障装备;按照作战单元层次的划分,当其划分到能够独立执行作战或训练任务最小军事单元时,称为基本作战单元。

战时,各种作战单元按照战斗任务需求重新组合,参战的武器装备种类众多,加之武器装备的使用强度大、战损及故障比例高,使得装备保障任务相比平时急剧增加。为适应装备保障任务的变化,装备保障系统必须统筹协调全部装备保障力量,对装备保障系统结构进行调整,重新区分维修保障任务、划分维修保障级别、对底层的基本维修单元进行编组等,以提高整个系统的保障效能,确保作战任务顺利完成。本书正是在这样的背景下,提出了装备作战单元维修保障力量的编配问题。

从上述问题的提出可见,装备作战单元所辖的武器装备及其维修保障系统与作战任务密切相关。一旦作战任务明确,其所需的武器装备类型也就随之确定,根据作战任务要求还可以确定对维修保障系统的要求。因此,装备作战单元维修保障力量的编配与作战任务、武器装备息息相关。

对于维修保障系统而言,其与武器装备之间的联系是以作战赋予武器装备的任务为牵引的,即作战任务驱动了武器装备的使用,作战任务在对武器装备提出配备要求的同时,也为武器装备所要达到的特定军事目标提出了明确的运行要求;而武器装备的使用则牵动了维修保障系统的运行,武器装备在遂行作战任务的过程中,由于本身的质量特性、敌方的作战威胁以及缺乏外部资源等,会产生各种各样的故障、战损以及其他导致武器装备不能执行任务的情况,因而需要维修保障系统对其开展维修保障活动。反之,战时维修保障系统内部结构和运行会影响武器装备的状态,即维修保障系统的保障级别、各级力量的区分、基本维修单元的编组情况等,决定了维修保障系统对武器装备的保障效率,进而直接影响了武器装备的使用状态;而武器装备是否正常运行则直接影响了作战任务的完成。此外,作战任务的要求决定了对维修保障系统的保障要求,也决定了系统内部结构的设计要求,如不同的作战任务,将会动用不同的武器装备,对维修保障系统形成不同的保障需求。为了促使维修保障系统达到保障要求,必须对维修保障力量进行重新编配,优化维修保障系统结构以满足维修保障需求。

2.2 维修保障力量的编配

2.2.1 维修保障力量概述

维修保障力量是指从事维修保障活动的人员和用于维修保障的设备、设施,以及物资器材等维修保障资源的有机组合[153],是维修保障活动的执行主体,是维修保障系统发挥维修保障能力、实现"保障有力"的基础条件。

1. 维修保障力量构成分析

1）来源构成

从维修保障力量的来源分析，它是由部队维修保障力量和地方维修保障支援力量构成。两者有机结合，形成军民整体保障合力。

部队自身的维修保障力量是作战过程中维修保障力量的主要组成部分，是实施维修保障的骨干力量。我军维修保障力量经过多年的建设，已经初具规模，维修保障人员的素质不断提高。保障装备和设施日益改善，为维修保障工作奠定了良好的基础。但由于维修保障长期采取分散的保障体制，维修保障力量建设处于相对分散的状态。随着维修保障体制由分散向集中统一型的转变，维修保障力量有待进一步调整、充实与完善，以尽快形成规模适当、结构合理、功能齐全的组织系统，成为与现代技术特别是高技术条件下与维修保障相适应的力量主体。

地方维修保障力量主要包括随时准备转入维修保障系统的预备役维修保障部（分）队和支前维修保障力量两部分。地方维修保障力量规模和作用的大小，主要取决于地方维修保障潜力和动员水平。随着社会主义现代化建设的不断发展，各地区的科学技术及工业迅速发展，可用于维修保障的物质技术基础越来越雄厚，地方维修保障力量的潜力日益增大，动员的机制日趋完善，加之现代化技术特别是高技术条件下维修保障任务繁重，军队有限的维修保障力量与任务需求间矛盾突出，地方维修保障力量在维修保障中将发挥更加重要的作用。

在一定的作战任务条件下，通常将部队自身的维修保障力量及地方维修保障力量统一编成维修保障力量，后面不再进行区分。

2）职能构成

从各种维修保障力量的性质和功能来分析，维修保障力量主要由维修保障指挥力量、专业保障力量、装备防卫力量和保障辅助力量构成。

维修保障指挥力量是指对维修保障实施组织指挥的力量，主要包括各级维修保障指挥机构。它在维修保障活动中起着主导、支配和调节作用，只有通过其准确、高效的指挥，才能使各种维修保障力量形成协调一致的保障行动。

专业保障力量是指具体实施各项维修专业保障的力量，主要包括各级作战单元所属的各种维修专业保障部（分）队。它是遂行维修保障任务的主要力量，也是维修保障力量的主体。

装备防卫力量是指装备机构专职防卫部(分)队,是装备防卫骨干力量。战时,还可以得到作战部队加强和地方力量的支援。

保障辅助力量是指为维修保障指挥和保障活动提供保障的各种力量,主要包括通信、工程等部(分)队。

维修保障力量的各类活动均是围绕如何保证专业保障力量正常高效地完成保障任务进行的,而专业保障力量在维修保障力量中占绝大部分。本书主要针对专业保障力量进行,后面提及的"维修保障力量"如无特殊说明均指专业保障力量。

2. 维修保障力量基本组成要素分析

维修保障力量的构成要素是分析维修保障力量功能和结构的基础,选择不同的视角、不同的标准会产生不同的划分结构。按来源,可分为军队自身保障力量和地方支前保障力量;按职能,可分为维修保障指挥力量、专业保障力量、装备防卫力量、保障辅助力量;按自然属性,可分为维修保障人员,保障装备、设施、器材物资。

维修保障人员是指维修保障活动的具体实施者,即维修保障任务的承担着、遂行者、实现者,是维修保障活动中的有生力量,是维修保障力量构成要素中最具能动性的因素。维修保障任务要靠维修保障人员的主观能动性和创造性来实现。

维修保障物资是指维修保障过程中所使用的保障装备、设施、器材等,是维修保障人员为武器装备提供保障的媒介和物质载体,是维修保障力量中客观的物质力量,是维修保障活动得以形成和实现的物质基础。

维修保障人员和维修保障物资是密不可分的,维修保障人员在执行维修保障任务的过程中,必然涉及维修保障物资的使用,并还可能消耗一部分维修保障物资,缺少维修保障物资,维修保障人员将无法完成维修保障任务;而维修保障物资也必须由维修保障人员将其应用到维修保障任务的完成过程中才能发挥其作用。

在构成维修保障力量时,维修保障物资与维修保障人员要按照一定的比例及协调关系组合起来,而维修保障人员和维修保障物资之间又相互影响。特定的维修保障人员由于其专业及技术等级不同,只可能使用某类特定的维修保障物资;同样,某种维修保障物资要求其使用人员具备一定的理论技术水平,并可能要求多个不同的维修保障人员(专业不同、技术等级不同)同时进行操作。

3. 维修保障力量组织结构

为便于维修保障力量的指挥调度,科学组织维修,提高维修保障效益,通常根据作战力量的指挥层次及其实际需求,对维修保障力量进行统筹规划,设置维修保障级别,明确各级别的维修保障力量构成。目前,我军实行总装备部统一领导下,各军兵种按建制系统分别设立维修保障力量的保障体制,平时一般将维修保障力量划分为基层级、中继级和基地级三个级别的维修保障力量[154];战时,则按照战略、战役、战术三个层次对维修保障力量进行级别设置[155]。各层次维修保障力量之间在承担的维修保障任务和具备的维修保障能力上存在着差别。

平时和战时的维修保障需求差异,使得维修保障力量结构的设置存在很大区别。平时,我军的维修保障力量结构如图 2 - 1(a)所示,其主要是为满足平时武器装备的维护、保养需求设置的。而战时,为使武器装备快速恢复作战能力,需根据不同作战模式、作战要求、战场环境、保障对象等具体情况,对平时建制的维修保障力量进行编组、扩建和重组,将平时的维修保障力量结构转为战时结构,满足战场抢修的需求。图 2 - 1(b)所示为战时维修保障力量结构示例,根据不同的实际需求也可形成其他多种结构[156,157]。

2.2.2 维修保障力量的编配过程分析

维修保障力量的编配指对现有维修保障力量按部署形式、维修任务临时进行的编配与组合活动[158],是将平时维修保障力量结构转换为战时结构的关键,是战时对维修保障力量进行指挥、部署的重要环节。

战时,各级维修指挥机构将所配属的全部维修力量,包括原有建制力量、上级加强力量和地方支援力量,进行统一编组,使其结构与本级所承担的维修任务相匹配,保证维修任务的顺利实施。维修力量的编配过程包括以下几个主要步骤。

1. 明确维修力量所在级别

维修级别是指根据装备维修时所处场所、维修的范围和深度等因素的差异而划分的等级[159],其目的在于合理区分维修任务,优化维修资源配置,科学组织维修,提高保障效益和资源使用效益。战时,维修力量一般划分为战略、战役、战术三个级别。各级别维修力量分工明确,配有相应的维修资源,并隶属于不同

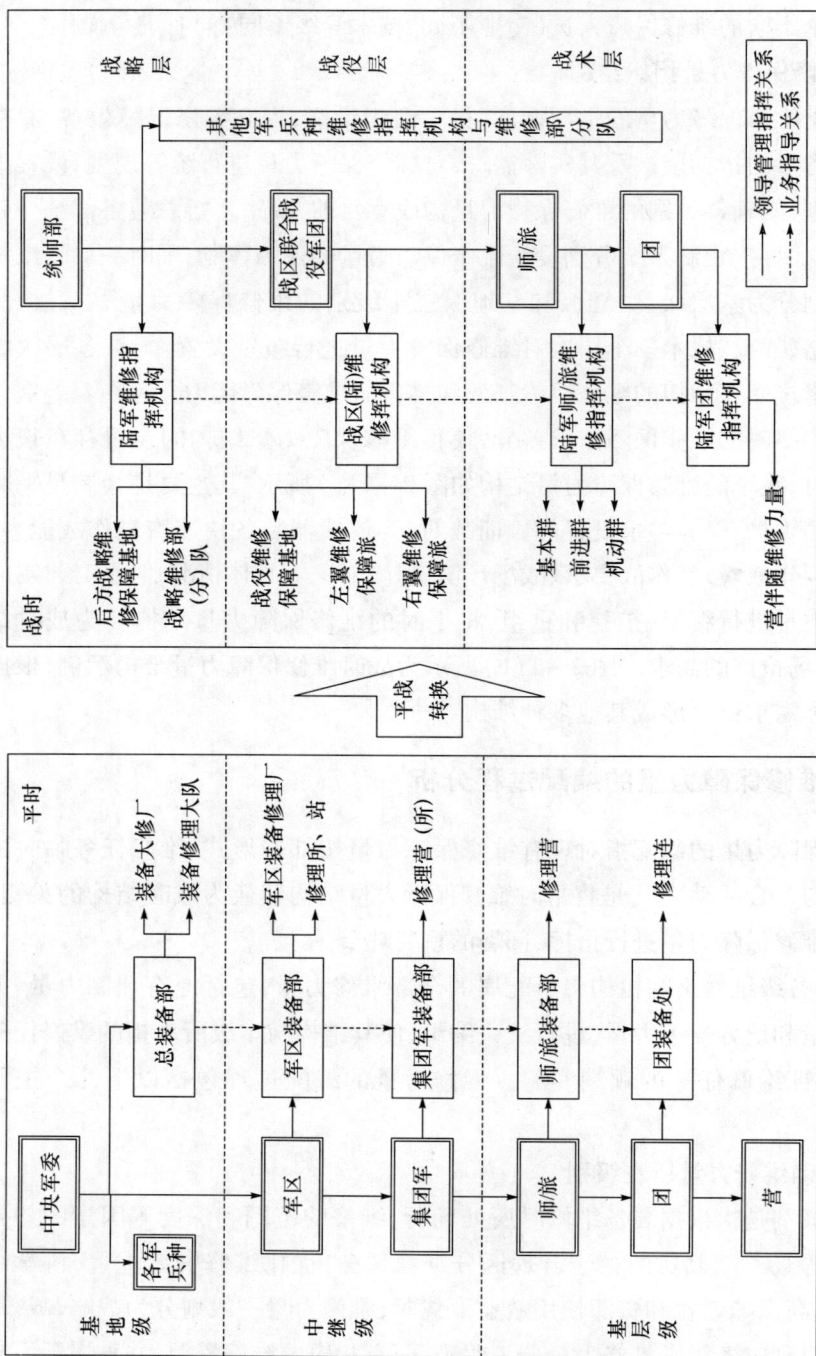

图2-1　维修保障力量结构示意图

级别的作战力量。维修力量上下级之间为业务指导关系,上级维修力量并不能指挥调度下级维修力量。由此可知,各级维修力量的编组是分别、独立进行的。同时,不同级别的维修力量在能力与规模方面差异较大,相应所采取的编组模式也不同。因此,在对维修力量进行编组前,必须首先明确维修力量所处的级别。

2. 确定某一级别维修力量编组模式

不同级别的维修力量根据其所承担的职责、资源配属及作战部队部署等情况,有不同的编组模式,下面分别对各级别维修力量的编组模式进行分析。

1）战略层维修力量编组

战略维修力量主要承担武器装备的中损修理、重损修理及报废处理任务。战略维修力量通常编为战略后方维修基地和战略维修部队两大部分。战略后方维修基地依托战略级修理厂组成,配置在战略纵深的后方,各修理厂分别承担着多种型号装备的战略后方修理任务。同时,根据战略方向或战区的划分,组建多个战略维修大队,靠前配置,对相应战略方向或战区的作战部队实施保障[160]。战略级维修力量的编组模式如图 2-2 所示。

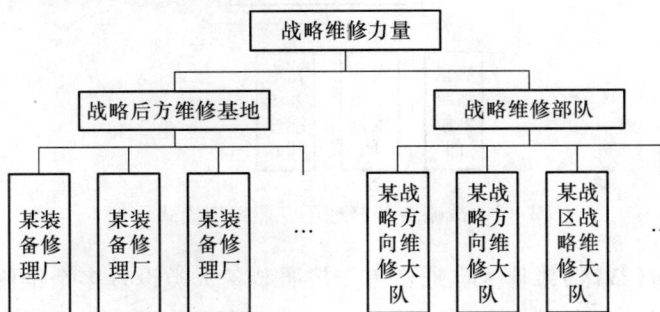

图 2-2　战略级维修力量的编组模式

2）战役层维修力量编组模式

战役维修力量主要承担所在战役方向武器装备的中损任务,根据需要也可承担部分复杂装备的轻损修理和简单装备的重损修理任务。战役维修力量一般按战役方向和地域进行划分,形成的各个战役维修部(分)队则承担相应方向或地域的维修任务。如图 2-1 中的战区直属维修力量,按照方向和地域设置战役后方维修保障基地、左翼维修保障旅和右翼维修保障旅,分别为战役纵深作战部队和左、右翼作战部队提供维修保障[153]。

3）战术层维修力量编组模式

战术维修力量通常担负一线部队武器装备的轻损及部分中损修理任务,一般按部署形式(主要有梯队式部署和群队式部署两种形式)进行编组。如图2-1中所示的陆军师/旅所属维修力量,按群队式部署时编为基本群、前进群和机动群[158]。

3. 按专业划分维修力量

由于装备维修的技术性、专业性很强,各层次维修力量在按上述方式进行编组后,继续按照维修专业设置情况(按照装备种类型号或技术类型设置专业)对划分出的维修力量进行编组,形成不同的专业修理部(分)队,并承担相应专业的维修任务。维修力量所处级别不同,所采取的专业化编组模式也不同。

1）战略维修力量的专业化编组

战略级的装备修理厂所负责修理的型号装备多属于同一类型,通常按照技术类型进行专业化编组,形成多个专业维修车间,其具体编组模式如图2-3所示。

图2-3　战略装备修理厂专业编组模式示例

战略方向(战区)维修大队通常首先按照装备大类设置多个维修分队,各维修分队再根据技术类型设置专业修理组,其具体编组模式如图2-4所示。

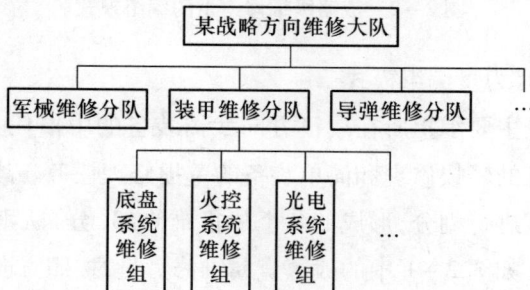

图2-4　战略级维修分队专业编组模式示例

2）战役维修力量的专业化编组

战役后方维修基地由战役后方的装备修理厂（所）组成,其专业化编组模式与战略修理厂的专业化编组模式基本相同,这里不做过多介绍。

战役维修保障旅是战役层次的野战机动维修力量,一般按照装备类型设置修理连,而修理营则有两种模式可供选择:①综合营的编组模式,即维修保障旅下辖若干综合修理营,各修理营由多个不同的专业修理连组成,具体编组模式如图 2 - 5 所示;②专业化营的编组模式,与上一种编组形式的根本区别在于所辖的各修理营均为专业修理营,由多个同专业修理连组成,具体编组模式如图 2 - 6 所示。

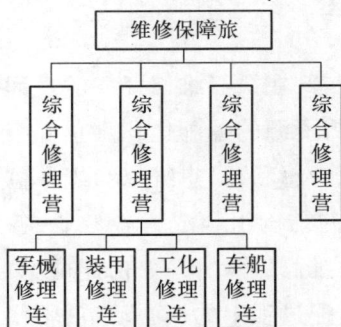

图 2 - 5 综合化旅、营的编组模式

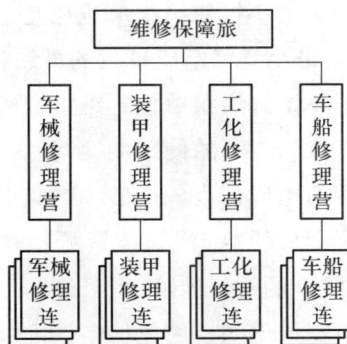

图 2 - 6 综合化旅、专业化营的编组模式

3）战术维修力量的专业化编组

根据需要,各战术级保障群（队）既可按照装备类型进行专业化的编组,也可按照技术类型进行专业化编组。以图 2 - 1 中的师/旅所属基本群为例,根据不同的专业设置则有两种不同的编组模式,如图 2 - 7 所示。

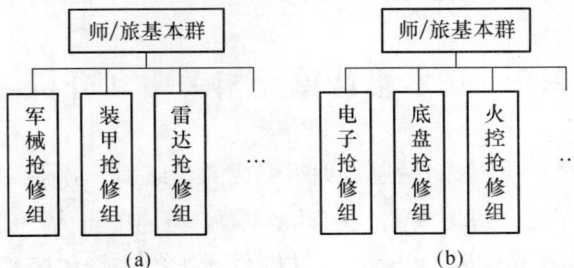

图 2 - 7 师/旅基本群的多种编组模式

按照上述编组模式形成的各最小维修组织单位,如修理车间、专业修理连、专业抢修组等,它们承担的维修任务较为具体、针对性强,是维修任务的具体实施者。当有维修任务产生后,根据各级别、不同层次维修单位的职责分工可迅速确定该维修任务的具体承担者,提高维修力量的反应速度。虽然这些最小维修组织单位属于不同的维修级别,具有的维修能力和配属的维修资源也不相同,但却有着共同的特点:

(1)最小维修组织单位所配属的维修资源在有限的地域内展开,在执行维修任务时,其所拥有的全部维修资源可以在不同的维修任务间进行共享。

(2)各最小维修组织单位有明确的任务分工,相互之间没有交叉的情况。

(3)最小维修组织单位相互之间不进行维修资源的共享。

4. 最小维修组织单位的模块化编组

最小维修组织单位是维修资源的直接使用者,在执行维修任务的过程中依然存在维修资源的使用冲突问题,同样需要进行资源的编配优化。全部维修力量的资源构成即为各个最小维修组织单位资源的总和,最小维修组织单位模块化编组形成的"维修保障资源模块"按照一定的结构组合成为各专业、各保障点、各级别的维修保障力量,最终形成了全部的维修保障力量。由此可见,最小维修组织单位的模块化编组是维修保障力量编配过程中的核心环节,不仅可以解决具体的资源冲突问题、提高资源使用效率,而且对于优化维修力量的总体资源构成也具有重要意义。

下面将最小维修组织单位模块化编组形成的"维修保障资源模块"称为基本维修单元,最小维修组织单位模块化编组即是基本维修单元的编配过程。本书中重点对该问题的解决方法进行介绍,维修保障力量的级别设置、同级力量区分、专业划分等编配问题参考其他专著。

2.3 基本维修单元相关概念分析

在相关的研究中,维修力量通过编组形成的各级别、不同层次的维修单位又称为维修单元。单元(unit),辞海中将其解释为"整体中自为一组或自成系统的独立单位"。对于维修保障系统而言,维修单元则指维修保障系统中某一支独立的维修部队(或分队、小队)。按照这一理解,上面所提及的各级维修单位都

44

可称为维修单元,即修理厂、抢修队、修理组等均为维修单元,但这些维修单元分别属于不同的维修级别,其规模、能力都有着明显的差异。可见,维修单元是一个相对较"泛"的概念,研究对象不易把握。各层次的维修单元均由下一层的维修单元聚合而成,本书所研究的基本维修单元则是最底层的、最小的维修单元。

2.3.1　维修单元的概念

根据研究需要,一些学者对最底层的、最小的维修单元进行了界定,下面对比较有代表性的几个概念进行分析。

文献[161]提出了维修保障单元的概念,是指由修复某种军械装备所需的最少修理人员、必需的保障装备和机工具、适量的维修器材组合而成的一个要素齐全、功能匹配的保障集合体。这一定义将维修保障单元类型和军械装备种类对应起来,即根据装备类型设立维修保障单元类型。文献中指出"最少修理人员"以完成某类装备维修保障任务最大量为标准,"必需的保障装备和机工具"以能够满足修理人员维修作业需要为标准,"适量的维修器材"以完成某类装备战术级维修保养所需的适当应急数量为标准。同时,指明每个维修保障单元"平时为独立完成修理任务的基本单位,战时即为完成抢修任务的最小保障单位"。

文献[31]提出最小维修单元的概念:在规定的时间内,完成规定的维修保障任务,实现最佳维修保障效能的最少维修保障资源组合。"规定的维修保障任务"可以是任意一个维修级别的装备修理任务,任务范围并不明确,可大可小;"最小保障资源"包括了完成任务的最少人员、野战维修设备、器材、资料等。

文献[122]为了实现维修人力编配的"优化配置、系统集成、模块组合、规范运行"目标,探讨按最小维修人力单元进行标准化建设的一套理论和方法体系。在研究中提出了维修保障单元的概念:完成单件(套)型号军械装备规定的维修任务所需人力、器材、设备和技术资料及设施的基本组合。其中,"单件(套)"是指单装或武器系统;"由于部队建制的维修保障单位主要承担中小修",因此"规定的维修任务"仅指小修或中修任务。在此基础上进一步提出了最小维修人力单元的定义:能满足型号军械装备维修基本要求的最少人员组合,它是具有相对独立的功能单元,满足型号装备维修需求的基本模块。在装备类型(不含弹药)

基础上,结合装备的技术特点和维修任务属性归并出 42 类最小维修人力单元,用于"以单元编组、以组编队、以队编群"。

通过对上述定义的分析,可知"维修单元/最小维修单元"有如下特点。

(1)以完成维修任务为目标。维修单元是为完成规定维修任务而设置的,构成维修单元的资源必须能够满足所承担维修任务的需求。上述定义在对维修单元进行界定时都提及了单元所需完成的维修任务,如"修复某种军械装备""完成规定的维修保障任务""满足型号军械装备维修"。可见,维修单元与其承担的维修任务密切相关,对维修单元进行定义必须从维修任务入手。

(2)单元的规模、能力受维修任务的约束、限制。维修单元的规模及能力取决于其承担的维修任务,单元承担的维修任务越多,维修单元的规模也就越大、能力越强。上述定义均将维修单元所承担的维修任务限定在一定的类型及数量的范围内,例如:文献[161]将维修单元的任务限定为"某种军械装备"的修理任务;文献[31]中的"规定维修任务"未明确具体的维修任务,可以是某一维修级别的维修任务,也可以是某一维修专业的维修任务,但仍然是在"规定"以内的任务;文献[122]的研究则将单元的任务限定为单件(套)型号装备的中修或小修任务。

(3)维修人力与其他资源的最佳组合单位。上述定义中,在对维修单元的资源构成进行描述时都采用了"最少""必需""适量"等词。为了达到资源的"最少""适量"等目的,必须通过一定的资源优化才能实现。因此,维修单元的资源构成是根据"规定任务"优化得出的,是满足"规定任务"需求的最优结果。

2.3.2　维修任务的定义

从维修单元的相关定义来看,对基本维修单元进行界定前必须先对维修任务进行界定。

本书中的维修任务是指为使装备保持或恢复到规定状态所必须进行的全部维修活动[162]。这里的"装备"是指最小维修组织单位所负责维修的全部武器装备,"规定状态"则是指为装备使用任务要求装备所处的状态。

在执行维修任务时,通常以维修事件作为基本单位进行维修资源的调度。最小维修组织单位逐一执行每一维修事件,最终完成全部的维修任务。由此可认为,最小维修组织单位承担的全部维修任务由众多的维修事件组成。本书将一个维修事件定义为一个维修任务,维修任务的类型即为维修事件的类型,维修任务量则为维修事件的数量。最小维修组织单位所承担的全部维修任务则是由众多不同类型、不同数量的维修事件所构成。

不同类型的维修任务对维修资源的使用情况不同,而维修任务的类型主要受所需修理的故障装备类型、故障部位、采取的维修方法,以及所处维修级别的影响,并且各类维修任务对维修资源的需求以及持续时间均不相同。对维修任务的类型进行描述至少应反映以上内容,如表 2 - 1 所列[163]。

表 2 - 1　维修任务类型的基本属性

属性	描述内容
维修任务类型编号	各类维修任务的唯一编号
故障装备	维修任务对应的装备名称及型号
故障部位	维修任务对应装备的功能系统、分系统、组件,直至零部件等的名称。详细程度可视相应维修级别的可更换单元而定
维修级别	实施维修所在的级别
维修方法	实施维修的方式,如原件维修、换件维修等
维修资源需求	实施维修所需要消耗或占用的维修资源,包括资源的种类和数量。一般包括八大类,如维修人员、保障设备和备品备件等。本书主要考虑维修人员需求和维修设备需求
维修任务持续时间	实施维修所需要的时间,也是每个维修任务对维修资源的占用时间

装备使用过程中,所需投入的武器装备种类是确定的,可从装备的故障模式影响与危害度分析(FMECA)和损坏模式及影响分析(DMEA)入手,参考部队装备的实际维修经验数据,经由修理级别分析(LORA)和维修工作分析(MTA),结合最小维修组织单位相互间的职责划分,就可预测得出最小维修组织单位所承担的全部维修任务类型。最小维修组织单位所承担的维修任务类型全集如表 2 - 2 所列。

表 2 – 2　维修任务类型全集

维修任务类型编号	故障装备	故障部位	维修级别	维修方法	维修资源需求	维修任务持续时间

2.3.3　基本维修单元定义

为区别于其他定义,突出本书的研究特色与内涵,结合上述的维修任务分析给出如下"基本维修单元"定义:基本维修单元是指能够独立完成规定维修任务的最小资源组合单位。

定义中"规定维修任务"是指基本维修单元所能完成的维修任务类型是规定好的,如某级×火炮底盘基本维修单元应能完成的"规定维修任务"即为×火炮底盘系统在该级别的全部维修任务类型。不同级别、具有不同职能的最小维修组织单位都有不同于其他单位的、自己独特的基本维修单元,所有基本维修单元"规定维修任务"的全集应当等于本最小维修组织单位所承担的维修任务类型全集。

维修任务要依托一定的维修资源来完成。定义中"最小"的含义是指构成基本维修单的维修资源是其完成"规定维修任务"必不可少的,缺少任何一个维修资源,基本维修单元则不能完成规定的全部维修任务。维修资源是指装备维修所需的人力资源,各种设施、设备、机具、备件、技术资料等,本书主要考虑维修人员和维修设备。

为缩短维修任务的完成时间、降低维修资源需求,通常需将各类基本维修单元相互交叉的稀缺资源作为单元相互间的共享资源,供多个基本维修单元调用,即基本维修单元中有部分资源是需要与其他单元共同使用的。对于这种共享维修资源而言,只有当基本维修单元执行某维修任务需要使用共享资源时,才调用共享资源,将其配备到基本维修单元中,以完成相应的维修任务。可见,基本维修单元由独有资源和共享资源两大部分组成,而各最小维修组织单位则是由众多基本维修单元及其相互共享的维修资源组成,如图 2 – 8 所示。

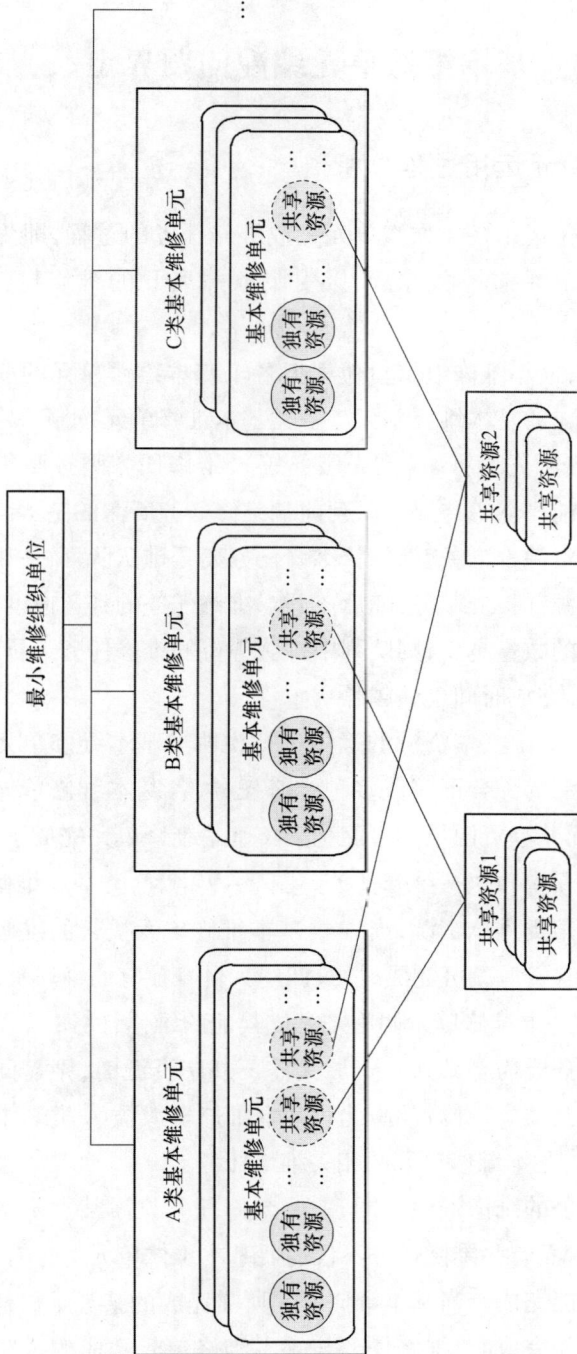

图2-8　最小维修组织单位的构成

2.4 基本维修单元编配问题界定

2.4.1 基本维修单元运用过程分析

最小维修组织单位运用基本维修单元完成维修任务的过程,即为故障装备到达后,在基本维修单元前排队等待、接受服务并离开的维修排队过程,如图2-9所示。

维修任务到达后,最小维修组织单位根据各个基本维修单元的职责、能力,将维修任务分配给相应的基本维修单元。各类基本维修单元按照一定的规则对维修任务进行服务(先到先服务、后到先服务等),维修任务则按照相应的服务规则在基本维修单元前排队等待。当队列前端维修任务所需的基本维修单元独有资源和相应的共享资源都准备就绪后,维修任务离开排队队列,占用相应的单元独有资源和共享资源并接受服务,随后离开。维修任务的到达速度越快、基本维修单元和共享资源的数量越少,则队列中排队等待的维修任务数量越多,维修任务的排队等待时间、完成时间也就越长。

这里重点对图2-9中共享资源的运用进行说明。基本维修单元独有资源可以单独或在共享资源的配合下完成多种维修任务,各基本维修单元在执行维修任务时相互独立;而共享资源虽然可配合多类基本维修单元完成维修任务,但不能脱离基本维修单元单独执行维修任务。图2-9中,A类基本维修单元与B类基本维修单元共享某类维修资源,当A类基本维修单元执行的维修任务只需A类基本维修单元独有资源就可完成时,只调用其自身独有的维修资源,此时共享维修资源可被B类基本维修单元调用来完成其他的维修任务;当A类基本维修单元执行的维修任务既需要其独有资源又需要共享资源时,则需同时调用自身独有的维修资源以及共享维修资源,此时共享维修资源被A类基本维修单元所占用,不能参与B类基本维修单元的相关维修任务。

不同维修任务所需的维修资源不同,一些维修任务只需某类基本维修单元的独有资源即可完成,而有些维修任务不仅需要基本维修单元的独有资源,而且需要多个共享资源才能完成。当基本维修单元所需完成的某类维修任务只需该类单元的独有资源就能完成时,维修任务与基本维修单元构成的排队过程较为

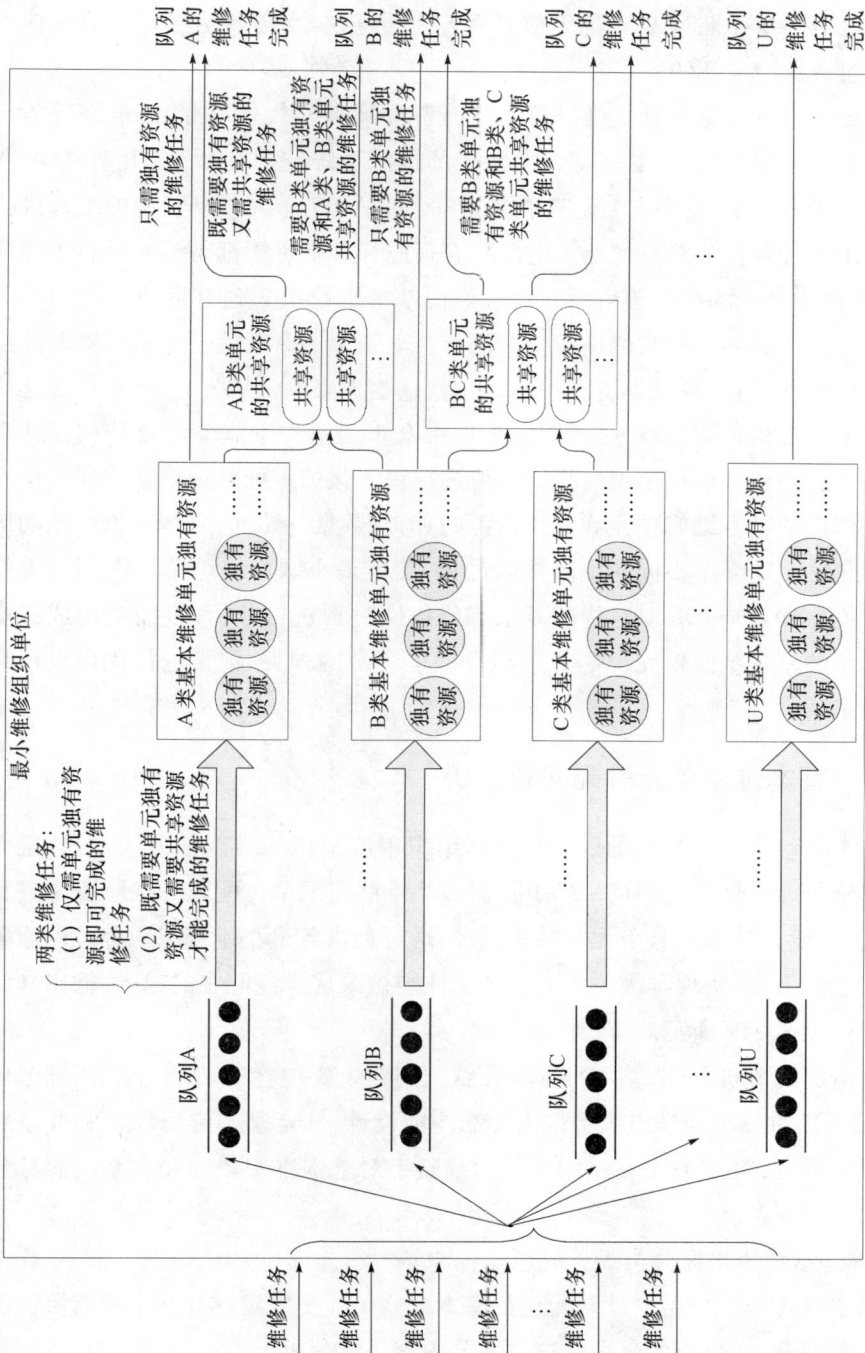

图2-9　维修排队过程模型

简单,如图 2-9 中队列 U 中的维修任务与 U 类基本维修单元独有资源所构成的排队过程。

当维修任务既需要基本维修单元独有资源又需要共享资源时,维修任务与基本维修单元独有资源、共享资源所构成的排队系统较为复杂,如图 2-9 中队列 A 中维修任务排队通过 A 类基本维修单元和 AB 类单元共享资源的维修排队过程。由于维修任务只有在所需全部独有资源和共享资源都得到满足后才能开始,因此维修任务的排队等待时间包含等待基本维修单元独有资源的时间和等待共享资源的时间。而维修任务排队等待共享资源的时间除了与共享资源的数量有关以外,还与共享该类资源的其他类型基本维修单元相关。

由上述分析可知,最小维修组织单位由众多的基本维修单元及其相互共享的维修资源组成。对最小维修组织单位进行单元化的编配就是确定构成最小维修组织单位的基本维修单元和共享资源的种类、数量。然而,基本维修单元的运用过程包含上述多个不同的维修排队过程,使得最小维修组织单位内部的维修排队结构非常复杂。要对这样的复杂维修排队过程进行分析,进而对构成最小组织单位的基本维修单元(独有资源)和共享资源的种类、数量进行优化设计是十分困难的。

2.4.2 基本维修单元编配问题分析

基本维修单元编配问题以最小维修组织单位承担的维修任务为输入,遵循基本维修单元的运用过程(图 2-9),对最小维修组织单位配属的维修资源进行组合优化,设计基本维修单元和共享资源,通过追求各最小维修组织单位的服务性能的总体最优,实现本级维修力量的总体结构最优。该问题的输入、输出和约束条件如图 2-10 所示。

由前面的分析可知,基本维修单元编配问题主要包含"编"和"配"两部分内容。"编"是对最小维修组织单位内部结构的设计,确定基本维修单元和共享维修资源的种类;"配"则是在结构设计的基础上对基本维修单元和共享资源数量进行的优化配备。

1. 基本维修单元分类设计问题

基本维修单元分类设计问题包括基本维修单元类别设计和共享维修资源类别设计两部分内容,下面分别对这两部分内容进行分析。

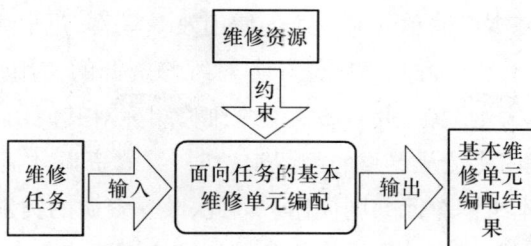

图 2 - 10　基本维修单元编配问题的输入、输出和约束条件

1）基本维修单元类别设计

不同种类的基本维修单元所能完成的维修任务类别不同,并配有不同种类、不同数量的维修资源。因此,对基本维修单元的类别设计主要是解决以下问题:

（1）分析最小维修组织单位内应设立几类基本维修单元。

（2）确定每类基本维修单元的功能,即各类基本维修单元能完成哪几种维修任务。

（3）分析每类基本维修单元的资源构成,即基本维修单元应配备哪些种类的维修资源、配备多少数量。

在装备使用过程中,各最小维修组织单位的职责分工、配属的维修资源类型不会有较大的变化,而维修任务量、任务要求、资源数量等则会根据不同的作战任务有所变动。因此,基本维修单元的类别设计应以最小维修组织单位所承担的全部维修任务类型及其维修资源需求为依据进行。

2）共享维修资源类别设计

根据前面的分析可知,共享资源是由多种基本维修单元共同使用,但并不隶属于某个基本维修单元的独立资源。在进行数量配备前,必须确定出有可能共享的维修资源,一是避免关键、贵重资源的重复配备;二是可以提高资源利用率,降低维修保障规模。因此,单元分类设计的一个关键步骤就是设计共享资源的种类,从而为后续的数量配备打下基础。由此可知,共享资源的类别设计主要解决两个问题:

（1）共享资源应具有哪些特征,为什么需作为共享资源。

（2）共享资源类别设计方法研究,明确共享资源种类的确定步骤。

维修资源是否需要共享与维修任务对维修资源的使用强度、维修资源可能的配备数量,以及基本维修单元对资源的使用效率有关,并非基本维修单元间的交叉资源全部作为共享资源。当维修任务对维修资源的使用强度大,维修资源由于各种原因不能大量配备,并且各类基本维修单元对其使用效率较低,将其固定在基本维修单元内将造成严重的闲置浪费时,维修资源才需作为共享资源单独存在,供各种基本维修单元共同使用。因此,共享资源的类别设计是在基本维修单元类别设计的基础上,结合维修任务量和维修资源特点进行的。

根据上述分析,确定出基本维修单元分类设计问题的输入、输出,如图 2 – 11所示。

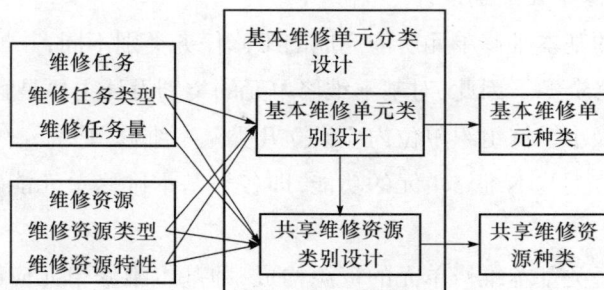

图 2 – 11　基本维修单元分类设计问题的输入、输出

2. 基本维修单元数量配备问题

在完成基本维修单元分类设计之后,必须根据维修任务的需要分析各类基本维修单元和共享资源的数量,减少维修任务排队等待的时间,才能保证维修任务按时、按量完成。可见,数量配备问题主要是确定各类基本维修单元和共享资源的数量。

在基本维修单元数量配备时,应以完成规定的维修任务为目标,结合维修资源的约束与限制,充分考虑维修资源运用过程中的冲突与共享问题,分析、优化基本维修单元和共享资源的数量需求。由于一些共享维修资源的重要程度完全可以与基本维修单元独有资源的总和相比较,因此在数量配备过程,中必须将基本维修单元的数量配备和共享资源的数量配备作为一个整体进行考虑,不能将其分开。

根据上述分析,确定出基本维修单元数量配备问题的输入、输出,如图 2 – 12所示。

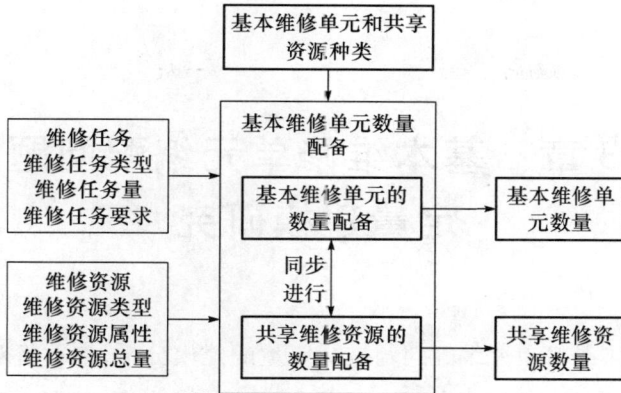

图 2 - 12　基本维修单元数量配备问题的输入、输出

上述两类问题中,分类设计是数量配备的前提和基础,只有知道有什么样的基本维修单元和共享资源可用来配备,才能确定各类基本维修单元和共享资源需要配备多少;数量配备是分类设计的实际应用,通过数量配备确定最终的维修资源需求,才可根据维修资源实际数量对基本维修单元和共享资源的种类进行调整。可见,这两类问题是相互联系、相互作用的。为便于对基本维修单元编配问题进行研究,必须清晰描述基本维修单元编配问题,为此本书将在第 3 章对基本维修单元编配问题进行定量分析。

2.5　本 章 小 结

本章首先引出了装备作战单元维修保障力量编配问题;然后对各层次维修保障力量的编配问题进行了分析,并给出了底层基本维修单元的定义;最后根据基本维修单元运用过程的分析,明确了底层维修保障力量编配,即基本维修单元编配问题的输入、输出和约束,并对基本维修单元分类设计和数量配备问题进行了分析。

55

第3章 基本维修单元编配问题的
定量建模研究

为了对基本维修单元编配问题进行定量的建模分析,本章将对该问题的各种参数进行分析,建立基本维修单元编配问题的参数体系、定量参数模型和设计优化模型,以便于后续的研究。

3.1 基本维修单元编配问题
参数体系构建

基本维修单元的编配是对构成最小维修组织单位基本维修单元和共享资源的种类及数量进行的设计。对于任意设计问题而言,其相关参数均可分为三大类:约束参数、目标参数和设计参数。基本维修单元编配问题的约束条件为最小维修组织单位的维修任务,以及构成最小维修组织单位的维修资源;基本维修单元编配问题所追求的目标为最小维修组织单位的综合性能最优;基本维修单元编配问题所要解决的具体问题为构成最小维修组织单位的基本维修单元和共享资源的种类、数量。下面将分别对基本维修单元编配问题的约束、目标和设计参数进行分析,以建立基本维修单元编配问题的参数体系。

3.1.1 基本维修单元编配问题的约束参数

由前面的分析可知,基本维修单元编配问题的约束主要包括维修资源和维修任务,本书主要从这两方面对约束参数进行分析。

1. 维修资源约束参数

维修资源是基本维修单元的构成要素,是基本维修单元编配问题的主要研究对象。各类维修资源的使用特点不同,对维修任务的重要程度也不同。在基本维修单元编配前,应首先对维修资源的类型及其相应特性进行分析。本书主要考虑维修人员和维修设备这两大类维修资源。

1)维修人员

维修人员是维修资源中的关键要素,本书参照《军事训练大纲》的标准,按照专业和技术级别对维修人员进行分类。通常情况下,维修人员技术等级越高,培训周期越长、人员成本越高(培训成本、人员工资),维修技能水平越高,配备数量相对越少,对维修任务的影响也就越大,在基本维修单元编配时应重点考虑。根据研究需要,对维修人员作如下假设:

(1)不同专业、不同等级的维修人员有明确的技能和职责分工,不存在相互通用、替代的情况。

(2)不考虑由维修人员年龄、身体状况所带来的区别,认为同专业、同等级的维修人员其能力相同,没有差异。

2)维修设备

维修设备指维修过程中所需的各种测试设备、拆装设备、电动工具和手动工具等的统称。通常,各最小维修组织单位都有一些较为贵重、精密的,或通用程度很高的,同时配置数量较少的维修设备。这些设备往往成为制约维修任务顺利实施的"瓶颈"资源,应重点予以考虑,以确保维修任务高效率、低成本地完成。根据研究需要,对维修设备作如下假设:

(1)每类维修设备均有固定的用途,相互之间不存在通用性及替代性,即应由某一维修设备完成的维修任务必须由该设备来完成,不能用其他维修设备代替。

(2)对于维修设备不考虑由于老化等因素带来的差异,认为对于同种维修设备而言其性能相同。

基本维修单元的编配除了要考虑各种维修资源的不同特性以外,还必须使最终的编配结果满足维修资源的总量约束,维修资源的总量则与单一资源的数量及相应属性相关(成本、体积、质量)。根据以上的分析,本书选取如表3-1所列的参数对维修资源属性及数量进行描述。

表 3 - 1　维修资源属性及数量参数

类型		名称	字母表示	含义
维修资源种类与数量约束	维修人员参数	维修人员专业种类	N^P	维修人员专业种类的总数量
		维修人员技术等级	G_i	第 i 专业设置的维修人员技术等级数
		各类维修人员数量	RN_{ij}^P	第 i 专业第 j 等级维修人员的总数量
		维修人员成本	rc_{ij}^P	第 i 专业第 j 等级维修人员的平均成本（工资及培训成本之和）
		维修人员平均体积	rv^P	维修人员的平均体积
		维修人员平均重量	rw^P	维修人员的平均体重
	维修设备参数	维修设备种类	N^E	全部维修设备的种类数量
		各种维修设备数量	RN_k^E	第 k 类维修设备的总数量
		维修设备成本	rc_k^E	第 k 类维修设备的单一成本
		维修设备体积	rv_k^E	第 k 类维修设备的单一体积
		维修设备重量	rw_k^E	第 k 类维修设备的单一重量
维修资源总量约束		维修专业人员数量	RN_i^P	第 i 专业维修人员的总数量 $$RN_i^P = \sum_{j=1}^{G_i} RN_{ij}^P$$
		维修人员总数量	RN^P	维修人员的总数量 $$RN^P = \sum_{i=1}^{NP} RN_i^P = \sum_{i=1}^{NP}\sum_{j=1}^{G_i} RN_{ij}^P$$
		维修设备总数量	RN^E	各种维修设备的总数量 $RN^E = \sum_{k=1}^{NE} RN_k^E$
		维修资源总成本	RC	购置全部维修资源的总费用 $$RC = \sum_{i=1}^{NP}\sum_{j=1}^{G_i}(RN_{ij}^P \cdot rc_{ij}^P) + \sum_{k=1}^{NE}(RN_k^E \cdot rc_k^E)$$
		维修资源总体积	RV	全部维修资源所占用的空间体积 $$RV = rv^P \cdot \sum_{i=1}^{NP}\sum_{j=1}^{G_i} RN_{ij}^P + \sum_{k=1}^{NE}(RN_k^E \cdot rv_k^E)$$
		维修资源总重量	RW	全部维修资源的总重量 $$RW = rw^P \cdot \sum_{i=1}^{NP}\sum_{j=1}^{G_i} RN_{ij}^P + \sum_{k=1}^{NE}(RN_k^E \cdot rw_k^E)$$

　　基本维修单元作为一个整体使用,必然会产生维修资源的闲置浪费情况,致使资源的使用效率降低,资源需求增加。因此,在进行基本维修单元的编配时,必须将维修资源的利用率控制在合理的范围内,本书选取如表3-2所列参数对维修资源利用率约束进行描述。

表 3-2　维修资源利用率约束参数

类型	名称	字母表示	含义
维修资源利用率	维修人员有效利用率	su_{ij}^{P}	第 i 专业第 j 等级维修人员实际执行任务的时间与任务总时间的比值
	维修设备有效利用率	su_{k}^{E}	第 k 类维修设备的工作时间与任务总时间的比值
	基本维修单元对人员的有效占用率	EN_{uij}	第 i 专业第 j 等级维修人员实际参与第 u 类基本维修单元执行维修任务的时间与第 u 类基本维修单元工作时间的比值
	基本维修单元对设备的有效占用率	EN_{uk}	第 k 类维修设备实际参与第 u 类基本维修单元执行维修任务的时间与第 u 类基本维修单元工作时间的比值
	每类人员的有效占用率	EN_{ij}	第 i 专业第 j 等级维修人员实际执行任务时间与被各类基本维修单元占用时间总和的比值
	全部维修人员的有效占用率	EN^{P}	全部维修人员被有效占用的比率,等于每类维修人员有效占用率的均值,$EN^{P}=\dfrac{\sum\limits_{i=1}^{NP}\sum\limits_{j=1}^{G_i}EN_{ij}}{\sum\limits_{i=1}^{NP}G_i}$
	每类设备的有效占用率	EN_{k}	第 k 类维修设备实际执行任务时间与被各类基本维修单元占用时间总和的比值
	全部维修设备的有效占用率	EN^{E}	全部维修设备被有效占用的比率,等于每类维修设备有效占用率的均值,$EN^{E}=\dfrac{\sum\limits_{k=1}^{NE}EN_{k}}{N^{E}}$
	维修人员占用率	ou_{ij}^{P}	第 i 类专业第 j 等级维修人员被基本维修单元占用的工时数与其在任务期间所具有的总工时数的比值
	维修设备占用率	ou_{k}^{E}	第 k 类维修设备的基本维修单元占用的工时数与其在任务期间所具有的总工时数的比值

2. 维修任务约束参数

在对维修任务进行定义时,已经对维修任务分类进行了分析,此处不再赘述。维修任务约束参数必然要包含维修任务类型。

在装备使用过程中,各类维修任务重复多次发生,最小维修组织单位需完成多个同类型的维修任务。本书用各类维修任务的发生速度来表示维修任务的数量,总的维修任务量可通过对各类维修任务的发生量进行累加得到,而各类维修任务的发生量也可通过对总维修任务的分解得出。在装备损坏情况及损坏数量预计的基础上,结合各个最小维修组织单位相互间的任务量区分,即可得出各最小维修组织单位所承担的维修任务量。

作战任务对最小组织单位完成维修任务所需的时间是有一定要求的。各最小维修组织单位根据作战任务对装备使用的要求,综合考虑本单位运行过程中的各种延迟等因素,就可得出完成维修任务的时间要求,具体方法可参考文献[164]。在对维修任务约束参数进行总结时,将维修任务的要求一并考虑。

根据维修任务的定义及其分析,结合研究需要,本书对维修任务作如下假设:

(1)维修任务单个到达,且独立同分布。

(2)各类维修任务有确定的维修资源需求,能够完成同一维修任务的维修资源组合形式只有一种。

(3)维修任务能够开始执行的前提是所需的全部维修资源均已准备就绪,缺少任一维修资源维修任务均不能开始。

(4)维修任务从开始执行到结束,所需的全部维修资源均处于被占用的状态,不能参与其他维修任务,直至维修任务结束相应的资源才被释放。

(5)维修任务对资源的需求和占用时间作为已知输入,该输入值是否最优暂不考虑。

根据以上的分析,本书将维修任务约束参数归结如表 3 - 3 所列。

表 3 - 3   维修任务约束参数

类型	名称	字母表示	含义
维修任务类型参数	维修任务种类	M	全部维修任务的种类数量
	维修任务人员需求	mr^P_{mij}	第 m 类维修任务所需第 i 专业第 j 等级的维修人员数量,当第 m 类维修任务不需要该种人员时 $mr^P_{mij}=0$

（续）

类型	名称	字母表示	含义
维修任务类型参数	维修任务设备需求	mr^E_{mk}	第 m 类维修任务所需第 k 类维修设备的数量,当第 m 类维修任务不需要该种设备时 $mr^E_{mk}=0$
	维修任务持续时间	mt_m	在维修任务所需资源都准备就绪的情况下,完成维修任务所需的平均时间,也即维修任务对各种维修资源的占用时间
维修任务量参数	总维修任务强度	λ	全部维修任务单位时间内发生数量的平均值
	维修任务发生概率	P_m	第 m 类维修任务的发生概率,且有 $\sum\limits_{m=1}^{M} P_m = 1$
	每类维修任务强度	λ_m	第 m 类维修任务单位时间内发生数量的平均值,$\lambda_m = \lambda P_m$
维修任务要求参数	总维修任务时限	T^*	全部维修任务的平均完成时间要求
	每类维修任务时限	T^*_m	第 m 类维修任务的平均完成时间要求

3.1.2　基本维修单元编配问题的目标参数

最小维修组织单位的综合性能,可通过该单位应具有的维修规模和维修服务能力来综合衡量。

（1）维修规模是指完成维修任务所需的维修资源总数量,通常可选择如表 3 - 4 所列的多种参数来表示。

表 3 - 4　维修规模描述参数

类型	名称	字母表示	含义
维修规模描述参数	维修人员需求总数量	DR^P	完成维修任务所需的全部维修人员人数
	维修设备需求总数量	DR^E	完成维修任务所需的全部维修设备数量
	资源需求总成本	DC	购置完成维修任务所需的各种维修资源所需的总费用
	资源需求总体积	DV	完成维修任务所需的各种维修资源的总体积
	资源需求总重量	DW	完成维修任务所需的各种维修资源的总质量
	运输台次	DF	运输所需的全部维修资源动用的某类运输工具的台次数

（2）维修服务能力是指最小维修组织单位对维修任务的完成能力,常用的度量参数如表 3 - 5 所列。

表 3 - 5　维修服务能力描述参数

类型	名称	字母表示	含义
维修服务能力描述参数	总任务的平均完成时间	XT	最小维修组织单位完成各类维修任务的平均时间,含维修任务持续时间和排队等待时间
	第 m 类任务的平均完成时间	XT_m	最小维修组织单位完成第 m 类维修任务的平均时间 $XT_m = WT_m + mt_m$
	总任务的平均等待时间	WT	各类维修任务到达后需排队等待维修资源的平均时间,含等待基本维修单元的时间和等待共享资源的时间
	第 m 类任务的平均等待时间	WT_m	第 m 类维修任务到达后排队等待维修资源的平均时间
	系统平均服务率	μ	最小维修组织单位对维修任务的平均服务速度

3.1.3　基本维修单元编配问题的设计参数

基本维修单元编配问题的设计参数是对编配结果进行的描述,应包括基本维修单元种类参数、基本维修单元数量配备参数、共享资源种类参数、共享资源数量配备参数。据此,将基本维修单元编配问题的设计参数归结为表 3 - 6。

表 3 - 6　基本维修单元设计参数

类型		名称	字母表示	含义
基本维修单元设计参数	种类参数	基本维修单元种类的数量	U	编配结果中所设置的基本维修单元种类的数量
		基本维修单元功能	f_{um}	第 u 类基本维修单元是否能够完成第 m 类维修任务,如果能则 $f_{um}=1$,否则 $f_{um}=0$
			H_u	第 u 类基本维修单元能够完成的维修任务种类,共 $1 \cdots p \cdots H_u$ 种,$\sum_{u=1}^{U} H_u = M, H_u = \sum_{m=1}^{M} f_{um}$
		基本维修单元的人员构成	sr_{uij}^{P}	构成第 u 类基本维修单元的第 i 专业第 j 等级的维修人员数量
		基本维修单元的设备构成	sr_{uk}^{E}	构成第 u 类基本维修单元的第 k 类维修设备数量
	数量配备参数	基本维修单元数量	SN_u	第 u 类基本维修单元数量

（续）

类型		名称	字母表示	含义
共享资源设计参数	种类参数	维修人员共享种类	cr_{uij}^{P}	第 i 专业第 j 等级的维修人员是否作为第 u 类基本维修单元的共享资源，是则 $cr_{uij}^{P}=1$，否则 $cr_{uij}^{P}=0$
		维修设备共享种类	cr_{uk}^{E}	第 k 类维修设备是否作为第 u 类基本维修单元的共享资源，是则 $cr_{uk}^{E}=1$，否则 $cr_{uk}^{E}=0$
		维修人员的共享度	cg_{ij}^{P}	第 i 专业第 j 等级的维修人员被几种基本维修单元共同使用，$cg_{ij}^{P}=\sum\limits_{u=1}^{U} cr_{uij}^{P}$
		维修设备的共享度	cg_{k}^{E}	第 k 类维修设备被几种基本维修单元共同使用，$cg_{k}^{E}=\sum\limits_{u=1}^{U} cr_{uk}^{E}$
	数量配备参数	维修人员共享数量	cn_{ij}^{P}	第 i 专业第 j 等级的维修人员需作为共享资源的数量
		维修设备共享数量	cn_{k}^{E}	第 k 类维修保障设备需作为共享资源的数量

　　根据以上的分析，可构建如图 3 - 1 所示的基本维修单元编配问题参数体系。

　　目标参数中维修规模与维修资源数量约束是相对的，在同一基本维修单元编配问题中，只能出现其中一个，即当维修资源数量作为约束条件（目标值）时，不能选取维修规模作为编配问题的目标值（约束条件）；而维修服务能力则是与维修任务时限要求相对的，同样，在维修任务时限要求作为约束条件（目标值）时，则不能选取维修服务能力作为编配问题的目标值（约束条件）。

基本维修单元编配问题定量描述参数
- 约束参数
  - 维修资源参数
    - 资源种类与数量约束
    - 资源总量约束
      - 维修人员总量约束
      - 维修设备总量约束
      - 资源总成本约束
      - 资源总体积约束
      - 资源总重量约束
    - 资源利用率
      - 共享资源占用率
      - 单元的利用率
  - 维修任务参数
    - 任务类型
      - 任务的资源需求
        - 对维修人员的需求
        - 对维修设备的需求
      - 任务持续时间
    - 任务量
      - 总任务强度
      - 任务发生概率
      - 每类任务发生概率
    - 任务要求
      - 总任务完成时限要求
      - 每类任务完成时限要求
- 目标参数
  - 维修规模
    - 维修人员需求总数量
    - 维修设备需求总数量
    - 维修资源需求总成本
    - 维修资源需求总体积
    - 维修资源需求总重量
  - 维修服务能力参数
    - 任务平均完成时间
    - 任务平均等待时间
      - 平均等待单元时间
      - 平均等待共享资源时间
    - 系统平均服务率
- 设计参数
  - 基本维修单元设计参数
    - 基本维修单元种类设计参数
      - 基本维修单元种类数
      - 基本维修单元功能
      - 基本维修单元的资源构成
        - 维修人员构成
        - 维修设备构成
    - 基本维修单元数量配备参数
  - 共享资源设计参数
    - 共享资源类型
    - 每种共享资源数量
    - 共享度
    - 共享资源能完成的任务类型

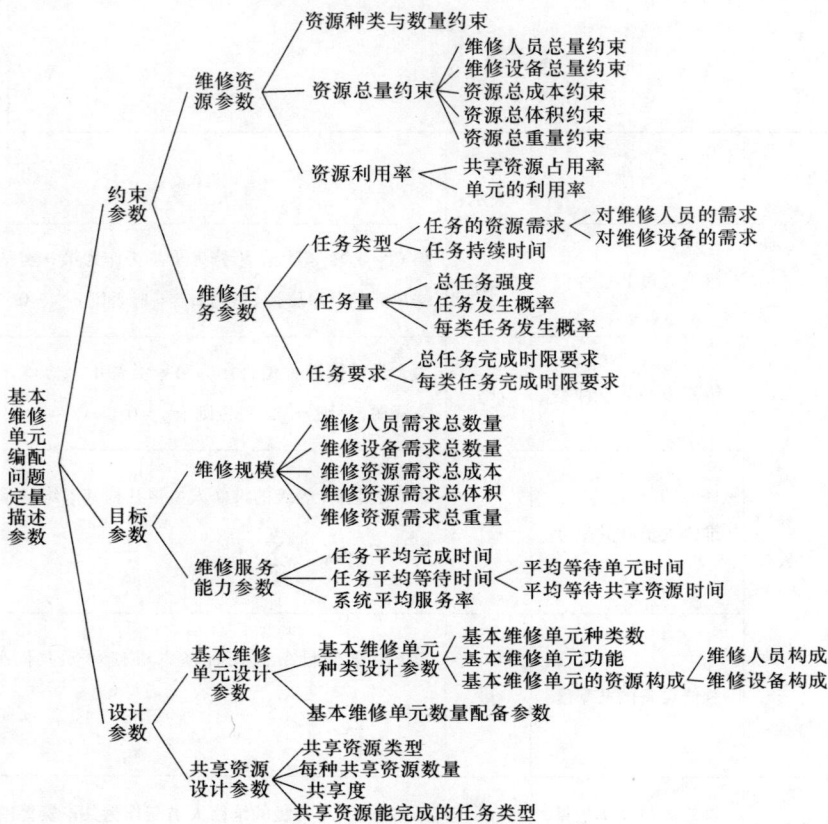

图 3-1　基本维修单元编配问题参数体系

3.2　基本维修单元编配问题的定量参数模型

在建立基本维修单元编配问题的参数体系后,为运用这些参数计算出最佳的基本维修单元编配结果,必须建立基本维修单元编配问题设计参数与约束参数、目标参数的定量关系模型。在建立基本维修单元参数体系时,已介绍了部分参数的定量计算方法,下面将分别对维修规模、维修资源利用率和维修服务能力相关参数的定量计算方法进行分析。

1. 维修规模度量模型

(1)维修人员需求总量 DR^P 应等于各类基本维修单元所包含的维修人员数量与作为共享资源的人员数量之和,其计算公式为

$$DR^P = \sum_{i=1}^{NP} \sum_{j=1}^{G_i} \sum_{u=1}^{U} \left[sr_{uij}^P \cdot SN_u \cdot (1 - cr_{uij}^P) \right] + \sum_{i=1}^{NP} \sum_{j=1}^{G_i} cn_{ij}^P \qquad (3-1)$$

（2）维修设备需求总量 DR^E 应等于各类基本维修单元所包含的维修设备数量与作为共享资源的设备数量之和，其计算公式为

$$DR^E = \sum_{k=1}^{NE} \sum_{u=1}^{U} \left[sr_{uk}^E \cdot SN_u (1 - cr_{uk}^E) \right] + \sum_{k=1}^{NE} cn_k^E \qquad (3-2)$$

（3）资源需求总成本 DC 应等于各类基本维修单元包含的维修人员和维修设备的总成本，以及作为共享资源的各类维修人员和维修设备的总成本之和，其计算公式为

$$DC = \sum_{i=1}^{NP} \sum_{j=1}^{G_i} \sum_{u=1}^{U} \left[sr_{uij}^P \cdot SN_u \cdot rc_{ij}^P \cdot (1 - cr_{uij}^P) \right] +$$

$$\sum_{k=1}^{NE} \sum_{u=1}^{U} \left[sr_{uk}^E \cdot SN_u \cdot rc_k^E (1 - cr_{uk}^E) \right] +$$

$$\sum_{i=1}^{NP} \sum_{j=1}^{G_i} (cn_{ij}^P \cdot rc_{ij}^P) + \sum_{k=1}^{NE} (cn_k^E \cdot rc_k^E) \qquad (3-3)$$

（4）资源需求总重量 DW 应等于各类基本维修单元包含的维修人员和维修设备的总重量，以及作为共享资源的各类维修人员和维修设备的总重量之和，其计算公式为

$$DW = \sum_{i=1}^{NP} \sum_{j=1}^{G_i} \sum_{u=1}^{U} \left[sr_{uij}^P \cdot SN_u \cdot rw^P \cdot (1 - cr_{uij}^P) \right] +$$

$$\sum_{k=1}^{NE} \sum_{u=1}^{U} \left[sr_{uk}^E \cdot SN_u \cdot rw_k^E (1 - cr_{uk}^E) \right] +$$

$$\sum_{i=1}^{NP} \sum_{j=1}^{G_i} (cn_{ij}^P \cdot rw^P) + \sum_{k=1}^{NE} (cn_k^E \cdot rw_k^E) \qquad (3-4)$$

（5）资源需求总体积 DV 应等于各类基本维修单元包含的维修人员和维修设备的总体积，以及作为共享资源的各类维修人员和维修设备的总体积之和，其计算公式为

$$DV = \sum_{i=1}^{NP} \sum_{j=1}^{G_i} \sum_{u=1}^{U} \left[sr_{uij}^P \cdot SN_u \cdot rv^P \cdot (1 - cr_{uij}^P) \right] +$$

$$\sum_{k=1}^{NE} \sum_{u=1}^{U} \left[sr_{uk}^E \cdot SN_u \cdot rv_k^E (1 - cr_{uk}^E) \right] +$$

$$\sum_{i=1}^{NP} \sum_{j=1}^{G_i} (cn_{ij}^P \cdot rv^P) + \sum_{k=1}^{NE} (cn_k^E \cdot rv_k^E) \qquad (3-5)$$

（6）运输台次数 RF 应等于全部维修资源的总体积或总重量与某类运输工具最大容积或最大载重量的比值，其计算公式为

$$RF = \max \left[\left\lceil \frac{DW}{TW} + 0.5 \right\rceil, \left\lceil \frac{DV}{TV} + 0.5 \right\rceil \right] \qquad (3-6)$$

式中：TW 为某类运输工具的最大载重量；TV 为某类运输工具的最大容积；

符号"$\lceil \ \rceil$"表示向上取整。

2. 维修资源利用率度量模型

（1）维修人员有效利用率 su_{ij}^P 计算公式为

$$su_{ij}^P = \frac{\text{第 } i \text{ 专业第 } j \text{ 等级维修人员执行维修任务消耗的工时}}{\text{第 } i \text{ 专业第 } j \text{ 等级维修人员所具有的总工时}}$$

$$= \frac{\sum\limits_{m=1}^{M} (\lambda \cdot \Delta t \cdot P_m \cdot mt_m \cdot mr_{mij}^P)}{\Delta t \cdot RN_{ij}^P} = \frac{\sum\limits_{m=1}^{M} (\lambda \cdot P_m \cdot mt_m \cdot mr_{mij}^P)}{RN_{ij}^P}$$

$$(3-7)$$

（2）维修设备有效利用率 su_k^E 计算公式为

$$su_k^E = \frac{\text{第 } k \text{ 类维修设备执行维修任务消耗的工时}}{\text{第 } k \text{ 类维修设备所具有的总工时}}$$

$$= \frac{\Delta t \cdot \sum\limits_{m=1}^{M} (\lambda \cdot P_m \cdot mt_m \cdot mr_{mik}^E)}{\Delta t \cdot RN_k^E} = \frac{\sum\limits_{m=1}^{M} (\lambda \cdot P_m \cdot mt_m \cdot mr_{mik}^E)}{RN_k^E}$$

$$(3-8)$$

（3）基本维修单元对人员的有效占用率 EN_{uij} 的计算公式为

$$EN_{uij} = \frac{\sum\limits_{m=1}^{M} (\lambda \cdot P_m \cdot mt_m \cdot mr_{mij} \cdot f_{um})}{sr_{uij} \cdot \sum\limits_{m=1}^{M} (\lambda \cdot P_m \cdot mt_m \cdot f_{um})} = \frac{\sum\limits_{m=1}^{M} (P_m \cdot mt_m \cdot mr_{mij} \cdot f_{um})}{sr_{uij} \cdot \sum\limits_{m=1}^{M} (P_m \cdot mt_m \cdot f_{um})}$$

$$(3-9)$$

（4）基本维修单元对设备的有效占用率 EN_{uk} 的计算公式为

$$EN_{uk} = \frac{\sum\limits_{m=1}^{M}(\lambda \cdot P_m \cdot mt_m \cdot mr_{mk} \cdot f_{um})}{sr_{uk} \cdot \sum\limits_{m=1}^{M}(\lambda \cdot P_m \cdot mt_m \cdot f_{um})} = \frac{\sum\limits_{m=1}^{M}(P_m \cdot mt_m \cdot mr_{mk} \cdot f_{um})}{sr_{uk} \cdot \sum\limits_{m=1}^{M}(P_m \cdot mt_m \cdot f_{um})}$$

$$(3-10)$$

（5）根据维修人员有效占用率的含义,得出第 i 专业第 j 等级维修人员的有效占用率 EN_{ij} 的计算公式为

$$EN_{ij} = \begin{cases} \dfrac{\sum\limits_{m=1}^{M}(P_m \cdot mt_m \cdot mr_{mij})}{\sum\limits_{u=1}^{U}\sum\limits_{m=1}^{M}(sr_{uij} \cdot P_m \cdot mt_m \cdot f_{um})} & cg_{ij}^{P} = 1 \\ 1 & cg_{ij}^{P} > 1 \end{cases} \qquad (3-11)$$

（6）根据维修设备有效占用率的含义,得出第 k 类维修设备的有效占用率 EN_k 的计算公式为

$$EN_k = \begin{cases} \dfrac{\sum\limits_{m=1}^{M}(P_m \cdot mt_m \cdot mr_{mk})}{\sum\limits_{u=1}^{U}\sum\limits_{m=1}^{M}(sr_{uk} \cdot P_m \cdot mt_m \cdot f_{um})} & cg_{k}^{E} = 1 \\ 1 & cg_{k}^{E} > 0 \end{cases} \qquad (3-12)$$

（7）第 i 专业第 j 等级维修人员的占用率 ou_{ij}^{P} 的计算公式为

$$ou_{ij}^{P} = \frac{\text{第 } i \text{ 专业第 } j \text{ 等级维修人员被占用的总工时}}{\text{第 } i \text{ 专业第 } j \text{ 等级维修人员具有的总工时}}$$

$$= \frac{\Delta t \cdot \sum\limits_{u=1}^{U}\sum\limits_{m=1}^{M}(\lambda \cdot P_m \cdot mt_m \cdot f_{um} \cdot sr_{uij}^{P})}{\Delta t \cdot RN_{ij}^{P}}$$

$$= \frac{\lambda \cdot \sum\limits_{u=1}^{U}\sum\limits_{m=1}^{M}(P_m \cdot mt_m \cdot f_{um} \cdot sr_{uij}^{P})}{RN_{ij}^{P}}$$

$$(3-13)$$

（8）第 k 类维修设备占用率 ou_k^E 的计算公式为

$$ou_k^E = \frac{\text{第 } k \text{ 类维修设备执行被占用的总工时}}{\text{第 } k \text{ 类维修设备具有的总工时}}$$

$$= \frac{\Delta t \cdot \sum_{u=1}^{U} \sum_{m=1}^{M} (\lambda \cdot P_m \cdot mt_m \cdot f_{um} \cdot sr_{uk}^E)}{\Delta t \cdot RN_k^E}$$

$$= \frac{\lambda \cdot \sum_{u=1}^{U} \sum_{m=1}^{M} (P_m \cdot mt_m \cdot f_{um} \cdot sr_{uk}^E)}{RN_k^E} \qquad (3-14)$$

3. 维修服务能力度量模型

维修任务执行过程中,只有当维修任务的到达和离开达到一个相对平稳的状态时,才能计算维修服务能力的相关参数;否则,维修任务将在最小维修组织单位中越积越多,维修任务的平均完成时间、平均等待时间等则会随时间的推移而逐渐增大,此时则无法求取最小维修组织单位的维修服务能力。当达到上述的稳定状态时,可认为在某一相对较长的时间 Δt 内,维修任务完成后离开的平均速度与维修任务的平均到达速度相同[165,166]。本书只针对这种稳定的状态进行研究,在这一前提下对维修服务能力相关参数的定量计算方法进行分析。

（1）系统的平均服务率 μ 的计算公式为

$$\frac{1}{\mu} = \frac{\text{完成维修任务所需服务时间总和}}{\text{完成的维修任务总数量}}$$

$$= \frac{\sum_{u=1}^{U} \sum_{m=1}^{M} (\lambda_m \cdot \Delta t \cdot f_{um} \cdot mt_m)}{\sum_{m}^{M} \lambda_m \cdot \Delta t}$$

$$= \frac{\sum_{u=1}^{U} \sum_{m=1}^{M} (\lambda \cdot P_m \cdot \Delta t \cdot f_{um} \cdot mt_m)}{\sum_{m}^{M} \lambda \cdot P_m \cdot \Delta t}$$

$$= \frac{\sum_{u=1}^{U} \sum_{m=1}^{M} (P_m \cdot f_{um} \cdot mt_m)}{\sum_{m}^{M} P_m} \qquad (3-15)$$

（2）由于 $\sum\limits_{m}^{M} P_m = 1, f_{um} \in \{0,1\}$，且一类维修任务只分配给一种基本维修单元，即 $\sum\limits_{u=1}^{U} f_{um} = 1$，因此可求得

$$\mu = \frac{1}{\sum\limits_{u=1}^{U} \sum\limits_{m=1}^{M} (P_m \cdot f_{um} \cdot mt_m)} = \frac{1}{\sum\limits_{m=1}^{M} (P_m \cdot mt_m)} \qquad (3-16)$$

（3）第 m 类维修任务平均完成时间 XT_m。根据维修排队系统达到平稳状态这一前提，第 m 类维修任务在 Δt 的时间内完成的数量应等于其产生的数量，即 $\lambda_m \cdot \Delta t$，则有

$$XT_m = \frac{\text{全部第 } m \text{ 类维修任务完成时间之和}}{\text{完成的第 } m \text{ 类维修任务数量}}$$

$$= \frac{\sum\limits_{z=1}^{\lambda_m \cdot \Delta t} xt_{mz}}{\lambda_m \cdot \Delta t} = \frac{\sum\limits_{z=1}^{\lambda_m \cdot \Delta t} (wt_{mz} + mt_m)}{\lambda_m \cdot \Delta t} = \frac{\sum\limits_{z=1}^{\lambda_m \cdot \Delta t} wt_{mz}}{\lambda_m \cdot \Delta t} + mt_m \qquad (3-17)$$

式中：xt_{mz} 为第 m 类第 z 个维修任务的完成时间；wt_{mz} 为第 m 类第 z 个维修任务的排队等待时间。

（4）维修任务平均完成时间 XT 的计算公式为

$$XT = \frac{\text{维修任务所需的完成时间之和}}{\text{完成的维修任务总条数}}$$

$$= \frac{\sum\limits_{m=1}^{M} (\lambda_m \cdot \Delta t \cdot XT_m)}{\lambda \cdot \Delta t} = \frac{\sum\limits_{m=1}^{M} (\lambda \cdot P_m \cdot \Delta t \cdot XT_m)}{\lambda \cdot \Delta t}$$

$$= \sum\limits_{m=1}^{M} (P_m \cdot XT_m) = \sum\limits_{m=1}^{M} \left(P_m \cdot \left(\frac{\sum\limits_{z=1}^{\lambda_m \cdot \Delta t} wt_{mz}}{\lambda_m \cdot \Delta t} + mt_m \right) \right)$$

$$= \sum\limits_{m=1}^{M} (P_m \cdot mt_m) + \sum\limits_{m=1}^{M} \frac{P_m \cdot \sum\limits_{z=1}^{\lambda_m \cdot \Delta t} wt_{mz}}{\lambda_m \cdot \Delta t}$$

$$= \frac{1}{\mu} + \sum\limits_{m=1}^{M} \frac{P_m \cdot \sum\limits_{z=1}^{\lambda_m \cdot \Delta t} wt_{mz}}{\lambda_m \cdot \Delta t} \qquad (3-18)$$

（5）第 m 类维修任务的平均排队等待时间 WT_m 应等于第 m 类维修任务的平均完成时间 XT_m 减去第 m 类任务的持续时间 mt_m，其计算公式为

$$WT_m = XT_m - mt_m = \frac{\sum_{z=1}^{\lambda_m \cdot \Delta t} wt_{mz}}{\lambda_m \cdot \Delta t} \qquad (3-19)$$

（6）维修任务的平均排队等待时间 WT 应等于维修任务的平均完成时间 XT 减去全部任务的平均持续时间 $\left(\text{即系统的平均服务率的倒数} \frac{1}{\mu}\right)$，其计算公式为

$$WT = XT - \frac{1}{\mu} = \sum_{m=1}^{M} P_m \cdot WT_m = \sum_{m=1}^{M} \frac{P_m \cdot \sum_{z=1}^{\lambda_m \cdot \Delta t} wt_{mz}}{\lambda_m \cdot \Delta t} \qquad (3-20)$$

由上述公式可知，XT_m、XT、WT_m 和 WT 均与 wt_{mz} 密切相关。wt_{mz} 则与维修任务等待基本维修单元独有资源与共享资源的时间有关，即与基本维修单元独有资源和共享资源的数量相关。但维修任务等待基本维修单元的时间与等待共享资源的时间相互不独立，无法采用解析方法对 $\sum_{z=1}^{\lambda_m \cdot \Delta t} wt_{mz} / (\lambda_m \cdot \Delta t)$ 进行简化消除 Δt，得出 wt_{mz} 的均值 WT_m。因此，上述 XT_m、XT、WT_m、WT 等参数均无法采用解析方法进行求解。本书将在基本维修单元数量配备研究中，通过仿真方法对 wt_{mz} 进行统计，进而得出设计参数与上述维修服务能力参数的关系。

3.3 基本维修单元编配问题的设计优化模型

通过 3.2 节的分析可知，基本维修单元编配问题的约束参数和目标参数众多，当其约束条件和目标不同时，会产生不同的实际应用问题，相应的优化设计模型也就不同。因此，本节将首先对基本维修单元编配问题的设计优化域进行分析，并对基本维修单元编配问题进行总结归类，建立典型基本维修单元编配问题的数学模型。

3.3.1 设计与优化域分析

本小节主要对基本维修单元编配问题的约束条件、目标值和设计参数可能

出现的不同组合情况进行分析,为进一步划分基本维修单元编配问题的种类奠定基础。

1. 约束条件分析

维修保障系统通过职责划分明确了各个最小维修组织单位所承担的维修任务类型;而武器装备的使用情况、RM 属性等决定了各类维修任务的总任务量,结合维修保障系统的任务量区分,就可确定各最小维修组织单位所承担的维修任务量,即最小维修组织单位承担的维修任务类型、任务量均是事先确定的。因此,对于基本维修单元编配问题而言,维修任务类型和任务量必然要作为该问题的约束条件。

根据前面对维修任务和维修资源所做的假设可知,每类维修任务有较为固定的维修资源需求。最小维修组织单位为了完成相关任务必须配备相应类型的维修资源,而且每类维修资源所具有的属性(成本、体积、重量)在资源投入使用前就已经确定。因此,维修资源的类型以及相应的属性必然要作为基本维修单元编配问题的约束条件,而各类维修资源的数量和维修资源的总量则是可选择的约束条件。同时,为提高维修资源使用效率,使维修资源总量控制在可接受的范围内,通常应限定维修资源利用率的最小值。因此,对于基本维修单元编配问题而言,维修资源利用率必定要作为约束条件。

根据上面的分析,将基本维修单元编配问题的约束条件总结如表 3 - 7 所列。

表 3 - 7　基本维修单元编配问题的约束条件

维修资源约束参数			维修任务约束参数		
资源种类	资源利用率	资源总量	任务类型	任务量	任务要求
●	●	○	●	●	○

注:●表示必须作为约束条件,○表示可选择的约束条件

2. 目标值分析

对于基本维修单元编配问题而言,可选择维修规模或维修服务能力中的任意一个作为编配目标。但不能同时选择维修规模和维修服务能力,因为两个目标是相互矛盾的。在追求维修规模最少时,必然会使维修资源的数量减少,从而延长维修任务的完成时间和等待时间,降低系统服务速度,使得维修服务能力下

降;而为使维修服务能力增大,则必定要增加各类维修资源的数量,使维修规模增大。在进行基本维修单元编配时,只能选择维修规模或维修服务能力其中之一为目标。

根据目标参数的分析,可选择表3-4和表3-5中任意参数对维修规模和维修服务能力进行描述,相应描述参数即为基本维修单元编配问题的目标值,由此可形成多种基本维修单元编配问题。

3. 设计参数分析

基本维修单元编配问题必须在回答全部设计参数后才能得以解决,即对于表3-6中所列的设计参数而言没有可选择性,必须得出全部的设计参数值。在设计参数中,首先需要确定基本维修单元的种类参数,在此基础上才能对共享资源的种类参数进行分析,而数量配备参数只有在种类参数都已经明确的前提下才能进行研究。

3.3.2 典型基本维修单元编配问题的数学描述

根据所选约束条件和目标值的不同,可将基本维修单元编配问题划分为以下两大类问题:

(1)满足维修资源约束的维修服务能力最大编配问题:

① 约束。该类问题的约束条件为维修任务类型、任务量,以及维修资源的种类、数量、利用率。

② 目标。该类问题将维修服务能力最大作为目标,可选择表3-5中的任一参数对其进行描述。

(2)满足维修任务要求的维修规模最小编配问题:

① 约束。该问题的约束条件为维修任务类型、任务量、任务要求,以及维修资源的种类、利用率。

② 目标。该类问题将维修规模最小作为目标,可以选择表3-4中所述的相关参数对其进行描述。

上述基本维修单元编配问题无论约束、目标如何选取,都需要首先确定出基本维修单元和共享资源的初始种类,然后根据目标和约束条件进行基本维修单元和共享资源的数量优化或种类的调整,如图3-2所示。相应地,对基本维修单元种类和数量编配结果进行优化时就存在以下两种情况:

① 基于一定的基本维修单元和共享资源种类,对基本维修单元和共享资源数量配备结果进行优化。

② 对基本维修单元和共享资源种类编配与数量配备结果同时进行优化。

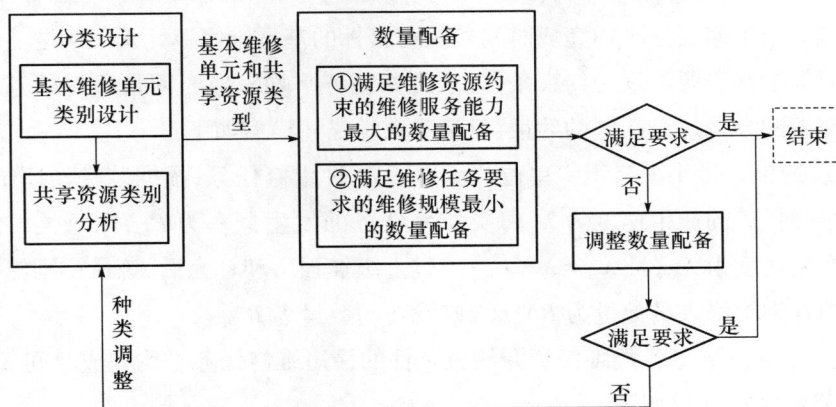

图 3 - 2 基本维修单元编配过程

可见,基本维修单元分类设计方法是各种问题得以解决的基础,需要单独进行研究,提供解决方法。

上述两大类基本维修单元编配问题,当选取不同的参数对相应的约束或目标进行描述时,会产生不同的具体编配问题。鉴于时间和能力有限,本书分别对这两类问题中较为典型的两个基本维修单元编配问题的建模和求解进行探讨:

(1) 以维修资源需求总成本最少为目标的基本维修单元编配问题。该问题是以总维修任务时限为约束条件,求维修资源需求总成本最少时的基本维修单元编配方案。该问题的约束、目标和数学描述模型如下:

① 约束。最小维修组织单位共承担了 M 种维修任务;根据装备使用情况,全部维修任务的产生速度为 λ,每类维修任务的发生概率为 P_m,则每类维修任务的产生速度为 λ_m,且 $\lambda_m = \lambda \cdot P_m$;要求最小维修组织单位对全部维修任务的平均完成时间不大于 T^*。

② 目标。满足总维修任务时限要求的最少维修资源需求成本 DC。

③ 数学描述模型为

$$\min DC$$

$$\text{s. t.} \begin{cases} XT \leqslant T^* \\ \mu \geqslant \sum_{m=1}^{M} \lambda_m \end{cases} \quad (3-21)$$

（2）以维修任务平均完成时间最短为目标的基本维修单元编配问题。该问题以每种维修资源数量为约束条件,求维修任务平均完成时间最短时的基本维修单元编配方案。该问题的约束、目标和数学描述模型如下:

① 约束。最小维修组织单位共承担了 M 种维修任务;根据装备使用情况,全部维修任务的产生速度为 λ,每类维修任务的发生概率为 P_m,则每类维修任务的产生速度为 λ_m,且 $\lambda_m = \lambda \cdot P_m$;经过上级加强后和补充后,该最小维修组织单位的各类维修人员数量为 RN_{ij}^P、维修设备的数量为 RN_k^E。

② 目标。满足各类维修资源约束条件的最短维修任务平均完成时间 XT。

③ 数学描述模型为

$$\min XT$$

$$\text{s. t.} \begin{cases} \sum_{u=1}^{U} \left[sr_{uij}^P \cdot SN_u \cdot (1 - cr_{uij}^P) \right] + cn_{ij}^P \leqslant RN_{ij}^P \\ \sum_{u=1}^{U} \left[sr_{uk}^E \cdot SN_u \cdot (1 - cr_{uk}^E) \right] + cn_k^E \leqslant RN_k^E \\ i = 1, 2, \cdots, N^P; j = 1, 2, \cdots, G_i; k = 1, 2, \cdots, N^E \end{cases} \quad (3-22)$$

3.4　本章小结

本章对基本维修单元编配问题的约束、目标和设计参数进行了分析,建立了基本维修单元编配问题的参数体系,以及定量参数模型。最后,对基本维修单元编配问题的设计与优化域进行了分析,建立了典型编配问题的数学描述模型,为后续的研究工作奠定了基础。

第 4 章 基本维修单元的分类设计方法研究

本章将首先对基本维修单元分类设计原则和设计的总体思路进行分析。在此基础上,以维修任务的资源需求为依据,结合维修资源的使用特点,对基本维修单元和共享资源类别设计方法进行研究,为进一步的基本维修单元数量配备奠定基础。

4.1 基本维修单元分类设计原则及思路

4.1.1 基本维修单元分类设计原则

基本维修单元分类设计原则是基本维修单元分类设计过程中应遵循的准则,是用以指导基本维修单元分类设计实践活动的行为规范。基本维修单元分类设计原则的制定和运用,对于正确、合理地进行基本维修单元分类设计具有重要的意义。根据战场环境约束、实施精确化维修保障的需求等,将基本维修单元分类设计原则归结如下。

1. 应能完成所有可能的任务类型

最小维修组织单位内,各类基本维修单元所能完成的维修任务类型全集应等于最小维修组织单位所承担的维修任务类型全集。为保证最小维修组织单位能够履行相应的职能,无论维修任务的发生概率有多低,都必须以最小维修组织单位承担的全部维修任务类型为依据,对基本维修单元进行分类设计。

2. 基本维修单元规模要适当

单一基本维修单元的规模指构成该单元的维修资源数量。合理的基本维修单元规模,便于根据维修任务的需要快速、准确地对维修资源进行调度,从而实现精确化保障;便于对基本维修单元进行"复制",从而根据战场需要,快速组织维修力量的补充;同时,还有利于提高基本维修单元的机动能力和生存能力,并便于维修力量的快速机动反应。

3. 基本维修单元种类数量要少

构成最小维修组织单位的基本维修单元种类数量越少,最小维修组织单位需指挥调度的对象类型越少,维修任务与基本维修单元的对应关系就越简单、清晰,也就越便于根据任务需要对基本维修单元进行指挥调度。

4. 维修资源的闲置浪费控制合理

将维修资源"捆绑"形成基本维修单元并作为一个整体使用,在其运用过程中必然会造成一些维修资源的闲置浪费。为了便于对维修资源进行指挥调度,可允许适当的维修资源闲置浪费,以换取快速、准确的维修资源指挥调度能力和反应能力。但是,维修资源的闲置浪费情况必须控制在合理的范围内,以保证维修任务的顺利完成和资源投入总量的控制。

4.1.2 基本维修单元分类设计思路

根据第 2 章中对基本维修单元类别设计问题和共享资源类别设计问题的分析,结合基本维修单元分类设计原则,本书提出如图 4-1 所示的基本维修单元分类设计思路。

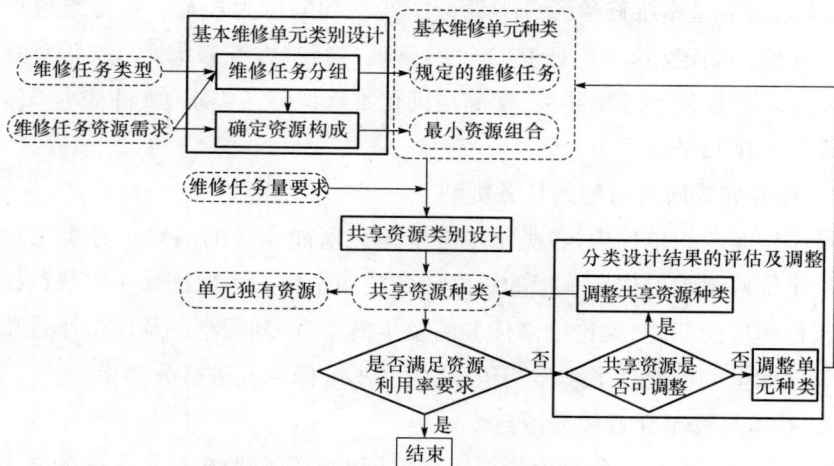

图 4-1 基本维修单元分类设计思路

（1）对基本维修单元的类别设计方法进行分析。以最小维修组织单位所承担的各类维修任务的维修资源需求为依据，对最小维修组织单位所承担的全部维修任务类型进行分组，形成多个维修任务子集，将各个维修任务子集作为一类基本维修单元的功能赋予该基本维修单元；维修任务子集数量即为所需设置的基本维修单元种类数量，维修任务子集中包含的维修任务类型即为对应类型的基本维修单元的"规定维修任务"。再以"规定维修任务"的资源需求为依据，确定所需的"最小的资源组合"，即为各类基本维修单元的维修资源构成。至此，就可完成基本维修单元的类别设计。

（2）对共享资源的类别设计方法进行分析。在基本维修单元类别设计的基础上，结合维修任务量的要求，对各类基本维修单元相互间的交叉资源进行分析，确定各类基本维修单元间需共享的维修资源类型以及各类基本维修单元的独有资源。

（3）对类别设计的结果进行评估及调整。对基本维修单元分类设计结果进行评估，如果不能符合要求，则对结果进行调整。

4.2　基于聚类方法的基本维修单元类别设计

4.2.1　维修任务的聚类分组

将全部维修任务划分为不同的维修任务子集，分配给不同的基本维修单元，其关键问题在于按照何种标准、采取什么方法对维修任务进行分组。本书根据维修任务对维修资源需求的相似程度，采取聚类方法对维修任务进行分组，将维修资源需求相似程度较高的维修任务划分在同一维修任务子集合中，而将维修资源需求差异性较大的维修任务划分在不同的维修任务子集中，从而达到对维修任务进行分组的目的。

1. 聚类分析方法介绍

聚类分析是根据"物以类聚"的原理，按照事物的某些属性，将样本聚集成不同的组/类，并对各组/类中样本的相似性及组/类间样本的差异性进行分析的方法。它的目的是使聚到同一个组/类中的样本具有较高的相似性，而属于不同组/类的样本具有较大的差异度，从而对样本的内在联系进行分析。聚类事先不知道到底有哪些组/类,各组/类事先没有明确的区分条件,而是以样本的特征为依据,将具有相似性特征的数据对象划分到一个组/类中。聚类需要对全部的样本进行分析后,才能确定划分多少个组/类。从数学的角度对聚类分析问题进行描述,可得如下数学模型:

设待聚类的对象全体为 X,$X = \{x_1, x_2, \cdots, x_n\}$,$X$ 中的每一个对象 x_k($k = 1$, $2, \cdots, n$)代表一个样本。对于 X 中的样本 x_k 而言,可通过 r 个特征对其进行描述,则样本 x_k 的特征向量 $\boldsymbol{P}(x_k) = (x_{k1}, x_{k2}, \cdots, x_{kr})$,其中 x_{kr} 是样本 x_k 的第 r 个特征的量值。聚类分析就是以样本集 X 为对象,分析各样本对应特征向量的相似性,按照各样本间的"亲疏"关系,把 $x_1, x_2, \cdots, x_n$ 划分为 U 个不相交的子集 X_1,$X_2, \cdots, X_U$ 的过程。所划分出的子集满足

$$X_i \neq \phi \tag{4-1}$$

$$X_1 \cup X_2 \cup \cdots \cup X_U = X \tag{4-2}$$

$$X_i \cap X_j = \phi \tag{4-3}$$

式中:$i, j \in [1, U]$,且 $i \neq j$。

聚类过程主要包括特征分析、相似系数计算、聚类分组、聚类结果评估/选择四步[167,168](图 4-2):

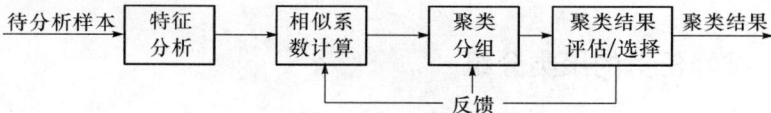

图 4-2 聚类的一般过程

(1)特征分析:在样本的各类特征中选择较关心的、有效的特征,构建各个样本的特征向量。

(2)相似系数计算:也称为关联度计算,即根据各个样本的特征向量,计算样本的相似(关联)程度,以反映样本间联系的紧密程度。

(3)聚类分组:根据得出的样本相似系数,对样本进行聚类,将相似的样本分组到同一个组/类中,不相似的对象分组到不同的组/类中,形成样本子集。

(4)聚类结果评估/选择:对聚类的结果进行评估,选择较优的结果作为最终的聚类方案。

2. 维修任务聚类分组的总体过程

维修任务的聚类分组就是根据维修任务的资源需求对维修任务进行分组，使得聚到同一个组中的维修任务具有较高的资源需求相似性，而不同组的维修任务具有较大的资源需求差异度。根据基本维修单元类别设计思路，结合聚类分析方法的一般步骤，本书提出如图4-3所示的维修任务聚类过程。

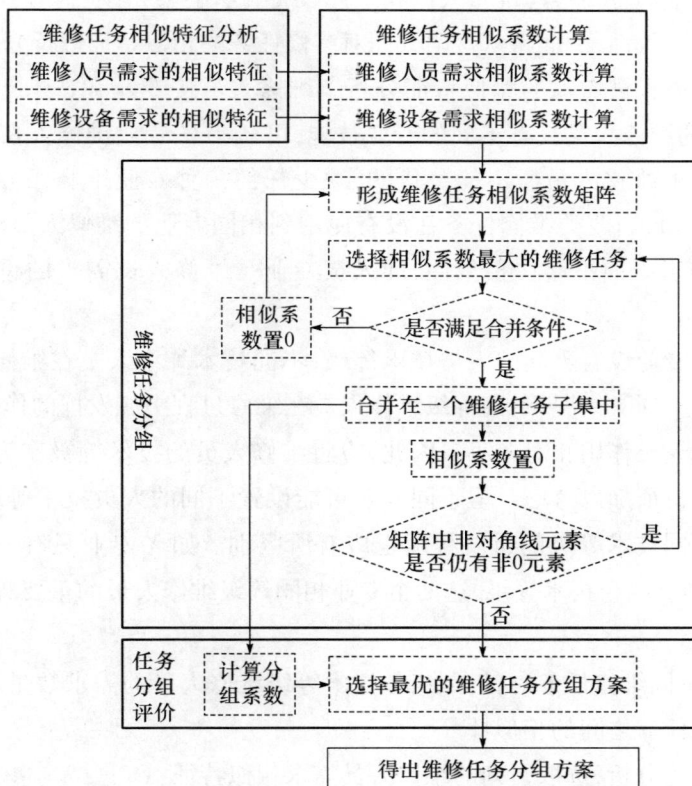

```
┌─────────────────────────────┬─────────────────────────────┐
│      维修任务相似特征分析      │      维修任务相似系数计算      │
│   维修人员需求的相似特征  ───→ │   维修人员需求相似系数计算    │
│   维修设备需求的相似特征  ───→ │   维修设备需求相似系数计算    │
└─────────────────────────────┴─────────────────────────────┘

              维修任务分组
              ┌─────────────────────────────────┐
              │      形成维修任务相似系数矩阵      │
              │      选择相似系数最大的维修任务    │
              │   相似系    否    是否满足合并条件  │
              │   数置0  ←──                      │
              │                     是            │
              │      合并在一个维修任务子集中      │
              │         相似系数置0               │
              │   矩阵中非对角线元素              是 │
              │   是否仍有非0元素                  │
              │                     否            │
              └─────────────────────────────────┘

     任务    ┌─计算分─┐
     分组    │ 组系数 │  选择最优的维修任务分组方案
     评价    └────────┘

              得出维修任务分组方案
```

图4-3　维修任务聚类分组总体过程

图4-3所示的维修任务聚类过程可划分为以下四个部分：

（1）对各类维修任务间的相似特征进行分析。

（2）根据维修任务间的相似特性，计算不同类型维修任务两两之间的相似系数，形成维修任务的相似系数矩阵。

（3）以维修任务的相似系数矩阵为依据，将维修任务划分成多个维修任务

79

子集。

（4）分析、确定维修任务子集划分结果的评价标准，对维修任务子集划分结果进行分析，选出最优的结果作为输出。

1）维修任务相似特征分析

维修任务相似是指其所需维修资源的相似，包括所需维修资源种类和数量上的相似。本书主要考虑维修人员和维修设备，这两类维修资源在使用过程中呈现出不同的特性，下面将从这两方面对维修任务的相似特征进行分析。

（1）维修人员需求的相似特征分析。维修人员按专业和技术等级进行分类，各专业的维修人员具有不同的专业技能，可认为各专业维修人员的专业知识是其他专业维修人员所不能替代的，缺少任何一种专业维修任务都无法进行。由此可知，当两类维修任务在没有使用到相同专业的维修人员时，维修任务在人员需求方面不存在相似性，即人员专业是维修人员需求的重要相似特征之一。

各维修专业设有不同的人员技术等级，不同技术等级人员在维修过程中的作用也不同。通常情况下，高等级维修人员在维修过程中所发挥的作用较大，而低等级维修人员作用相对较小。因此，应将维修人员的技术等级作为维修人员相似的重要特征加以考虑。但不同专业可能设置不同的人员技术等级，各专业维修人员不同技术等级的重要程度也应有所区别。如 X 专业只有三个技术等级，Y 专业则有四个技术等级，这两个专业相同等级维修人员的重要程度应加以区分。

另外，不同维修任务对各专业、各技术等级维修人员的需求数量不同，同样会影响维修任务之间的相似性。

根据上述分析，选取下列的维修人员需求相似特征：

① 各维修任务所需的维修人员专业种类数量。

② 各维修专业的人员技术等级划分，及其相应的重要程度。

③ 维修任务所需各专业、各等级维修人员数量。

（2）维修设备相似特征分析。不同类型的维修设备其功能存在很大的差异，相互之间不可替代。可认为当两类维修任务之间没有使用到同种维修设备时，维修任务之间在维修设备需求方面不存在相似，并且不同类型的维修任务对同类维修设备的需求数量也可能不同，同样会影响维修任务间的相似性。

各种维修设备成本各异,一些精密仪器、大型设备等资源的成本往往是一些小型工具的成千上万倍,出于对总维修成本的考虑,这些维修资源的配置数量一般较少,往往是维修过程中的关键、瓶颈资源。在设计基本维修单元时,应围绕这些高成本的维修设备,将所需的其他维修资源与这些高成本的维修设备相组合,形成基本维修单元。因此,应将维修设备的成本作为维修设备需求的一个重要相似特征,以真实反映维修设备在实际应用过程中的特点。

根据上述分析,选取下列维修设备需求相似特征:

① 各维修任务所需的维修设备种类数量。

② 各种类维修设备的重要程度,即维修设备的成本,成本越高重要度越大。

③ 维修任务所需各种类维修设备的数量。

2)维修任务相似系数计算

相似系数是对维修任务相似程度的定量描述,是维修任务相似特征的综合体现,是对维修任务进行聚类分析的关键。根据维修任务相似特征的分析,结合相似理论[169],即可对维修任务的相似系数进行计算。维修任务的相似取决于所需维修人员和维修设备的相似,下面将分别对两类维修任务间维修人员需求和维修设备需求的相似系数进行计算,进而确定维修任务相似系数的计算方法。

(1)两类维修任务间维修人员需求的相似系数计算。根据维修人员相似特征的分析可知,维修人员需求的相似系数是由维修人员专业种类需求的相似、各专业人员在技术等级和数量上的相似所决定的。据此确定如下的维修人员需求相似系数计算方法。

① 计算两类维修任务的维修人员专业种类需求相似系数。两类维修任务共用人员专业数量占两类维修任务所需的人员专业总数量的比例越大,两类维修任务的维修人员专业种类需求也就越相似,由此可得

$$S_{ab}^{P_n} = \frac{Rk_{ab}^P}{Rk_a^P + Rk_b^P - Rk_{ab}^P} \qquad (4-4)$$

式中:$S_{ab}^{P_n}$ 为 a 类维修任务和 b 类维修任务的维修人员专业种类需求相似系数;Rk_{ab}^P 为 a 类维修任务和 b 类维修任务共用维修人员专业数量;Rk_a^P 为 a 类维修任务所用维修人员专业数量;Rk_b^P 为 b 类维修任务所用维修人员专业数量。

② 计算两类维修任务在人员等级和数量上的相似系数。

两类维修任务在人员等级和数量上的相似系数应等于各专业人员需求在等级和数量上相似系数的平均值。单一专业人员需求的相似系数由不同等级的人员数量需求相似共同决定。根据文献[170]所介绍的方法可计算得出各等级人员需求的差异度，继而得出各等级人员需求相似系数，再结合各等级的权重，就可得出各专业人员需求的相似系数。据此可以得：

$$S_{ab}^{P_s} = \frac{1}{N^P} \cdot \sum_{i=1}^{N^P} \left[1 - \sqrt{\sum_{j=1}^{G_i} P_{ij}^P \cdot \left(\frac{mr_{aij}^P - mr_{bij}^P}{\max\limits_{m \in [1,M]} (mr_{mij}^P)} \right)^2} \right] \qquad (4-5)$$

式中：$S_{ab}^{P_s}$ 为 a 类维修任务和 b 类维修任务维修人员等级和数量的相似系数；N^P 为全部维修人员专业种类数量；G_i 为第 i 专业设置的人员等级数量；mr_{aij}^P 为 a 类维修任务所需的第 i 专业 j 等级维修人员数量；mr_{bij}^P 为 b 类维修任务所需的第 i 专业 j 等级维修人员数量；P_{ij}^P 为第 i 专业第 j 等级维修人员的权重系数，且有 $\sum_{j=1}^{G_i} P_{ij}^P = 1$，可根据专家打分法获得。

③ 计算两类维修任务的维修人员需求相似系数。由于在没有用到同种专业的情况下，维修任务在维修人员需求方面不存在相似性，因此本书采用以下方式对维修人员需求相似系数进行计算：

$$S_{ab}^P = S_{ab}^{P_n} \cdot S_{ab}^{P_s} \qquad (4-6)$$

式中：S_{ab}^P 为 a 类维修任务和 b 类维修任务对维修人员需求的相似系数。

（2）两类维修任务间维修设备需求的相似系数计算。根据维修设备相似特征的分析可知，维修任务对维修设备需求的相似系数由所需维修设备种类的相似和各种类维修设备数量上的相似所决定。据此确定如下的维修设备需求相似系数计算方法。

① 计算两类维修任务的维修设备种类需求相似系数。两类维修任务共用维修设备种类数量占两类维修任务所需的维修设备种类总数量的比例越大，两类维修任务的维修设备种类需求也就越相似，由此可得

$$S_{ab}^{E_n} = \frac{Rk_{ab}^E}{Rk_a^E + Rk_b^E - Rk_{ab}^E} \qquad (4-7)$$

式中:Rk_{ab}^E 为 a 类维修任务和 b 类维修任务共用维修设备种类数量;Rk_a^E 为 a 类维修任务所用维修设备种类数量;Rk_b^E 为 b 类维修任务所用维修设备种类数量。

② 计算两类维修设备需求数量的相似系数。两类维修设备需求数量的相似系数由各类维修设备的权重和相应的需求数量共同决定,据此可得

$$S_{ab}^{E_s} = \sum_{k=1}^{N^E} P_k^E \cdot \left(1 - \frac{\mid mr_{ak}^E - mr_{bk}^E \mid}{\max_{m \in [1,M]} (mr_{mk}^E)} \right) \qquad (4-8)$$

$$P_k^E = \frac{rc_k^E}{\sum_{k=1}^{N^E} rc_k^E} \qquad (4-9)$$

式中:N^E 为全部维修设备的种类数量;mr_{ak}^E 为 a 类维修任务所需第 k 类维修设备的数量;mr_{ak}^E 为 b 类维修任务所需第 k 类维修设备的数量;rc_k^E 为第 k 类维修设备的单一成本;P_k^E 为第 k 类维修设备的权重。

③ 计算两类维修任务的维修设备需求相似系数。计算方法与维修任务的维修人员需求相似系数相同,可得

$$S_{ab}^E = S_{cb}^{E_n} \cdot S_{ab}^{E_s} \qquad (4-10)$$

式中:S_{ab}^E 为 a 类维修任务和 b 类维修任务对维修设备需求的相似系数。

(3) 计算两类维修任务的维修资源需求相似系数。维修人员和维修设备的使用特点不同,对于维修任务的重要程度也不同。计算维修任务相似系数时,需要综合考虑维修人员需求的相似性和维修设备需求的相似性,结合二者相对于维修任务顺利实施的重要性,确定其在计算过程中所占的权重。由此,确定如下的维修任务相似系数计算公式[169,171]:

$$S_{ab} = P_P S_{ab}^P + P_E S_{ab}^E \qquad (4-11)$$

式中:S_{ab} 为 a 类维修任务和 b 类维修任务之间的相似系数;P_P 为维修人员需求相似的权重;P_E 为维修设备需求相似的权重,且有 $P_P + P_E = 1$。

维修人员需求相似的权重和维修设备需求相似的权重需要根据实际情况具体确定,可咨询相关专家获取。

3) 维修任务分组方法

根据图 4-3 中所示的维修任务分组过程,将维修任务分组分为以下步骤:

83

步骤1:计算维修任务两两之间的相似系数,形成相似系数矩阵。根据维修任务相似系数的计算方法,对各类维修任务两两之间的相似系数进行计算,可以得到维修任务资源需求的相似系数矩阵,即

$$\boldsymbol{S} = \begin{pmatrix} S_{11} & S_{12} & \ldots & S_{1M} \\ S_{21} & \ldots & \ldots & S_{2M} \\ \vdots & \vdots & S_{ab} & \vdots \\ S_{M1} & S_{M2} & \ldots & S_{MM} \end{pmatrix} \qquad (4-12)$$

a 类维修任务和 b 类维修任务的相似系数应等于 b 类维修任务和 a 类维修任务的相似系数,并且 a 类维修任务的资源需求与其自身完全相同。因此,在维修任务相似系数矩阵中 $S_{ab} = S_{ba}$,且 $S_{aa} = 1$。也就是说,维修任务的相似系数矩阵具有自反性和对称性。对相似系数矩阵进行分析时,只需对矩阵对角线上半部分的数据进行分析即可。

步骤2:相似系数的数值越大,对应的两类维修任务在维修资源需求方面越相似。选出矩阵 $\boldsymbol{S}$ 中的最大值 S_{ab},将与之对应的 a 类维修任务和 b 类维修任务作为拟合并的维修任务。

步骤3:判断所选拟合并的维修任务是否符合合并标准,符合标准则将两类维修任务或者两类维修任务所在的任务子集,合并为一个维修任务子集,同时将相似系数矩阵中对应的相似系数置"0",并转入下一步;如不符合合并标准,也需将相似系数矩阵中对应的相似系数置"0",但转到步骤2。

对维修任务进行合并的目的在于将维修资源需求相同或相近的维修任务合并为维修任务子集,并以合并后的维修任务子集中各类维修任务的维修资源需求为依据确定基本维修单元。当两类维修任务的相似系数较低时,证明这两类维修任务的维修资源需求重叠较少。如果将这样的维修任务合并在同一维修任务子集中,并建立基本维修单元,则会由于基本维修单元在使用过程中作为一个整体被占用,而造成严重的维修资源闲置浪费。因此,同一维修任务子集中各类维修任务间的相似系数应大于某一值,确定如下的合并标准:

相似系数低于某一标准值的两项维修任务不能合并在同一维修任务集合中。

可见,相似系数标准值的确定将影响维修任务分组的结果,所设定的标准值

越高,形成的维修任务子集就越多,反之则越少。根据"基本维修单元种类数量要少"这一基本维修单元分类设计原则,本书将相似系数这一标准值设定为0。

步骤4:判断相似系数矩阵中非对角线元素是否还有非0元素,如果仍存在非"0"元素,则返回步骤2,如果不存在则结束。

按照上述方法即可将全部维修任务合并成为不同的维修任务子集。为说明上述方法,下面以式(4-13)所示的维修任务相似系数矩阵为例进行说明。在维修任务合并过程中,由于①类维修任务与④类维修任务的相似系数为0,所以这两类维修任务不能出现在同一维修任务子集中。因此在对维修任务进行合并时,当所选取的最大相似系数为0.75时,不能将任务子集(①,②)和(③,④)合并为一个子集。维修任务的分组过程和分组结果如图4-4所示。

$$S = \begin{pmatrix} 1 & 0.9 & 0.2 & 0 & 0.1 \\ 0.9 & 1 & 0 & 0.75 & 0.2 \\ 0.2 & 0 & 1 & 0.8 & 0.7 \\ 0 & 0.75 & 0.8 & 1 & 0.7 \\ 0.1 & 0.2 & 0.7 & 0.7 & 1 \end{pmatrix} \tag{4-13}$$

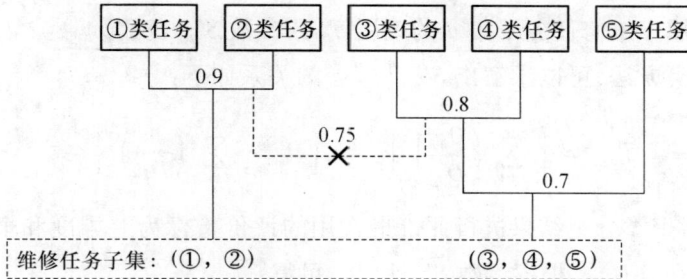

图4-4 维修任务分组示例

4) 维修任务分组评价

根据上述方法,可对全部维修任务不断进行合并,形成不同的维修任务子集。将每次合并后的结果作为一个维修任务分组结果,则会形成众多的维修任务分组结果。为得出最优的聚类分组结果,结合聚类分析的相关方法,本书对维修任务分组结果的评价方法设计如下[172,173]:

定义 1：将第 m 类维修任务与维修任务子集 u 中各类维修任务在维修资源需求上的差异性称为维修任务 m 与维修任务子集 u 的差异度，用参数 D_{mu} 表示。

在聚类分析中，D_{mu} 通常用第 m 类维修任务与维修任务子集 u 中典型任务的差异度来表示。但在维修任务分组时，并不知道哪类维修任务为典型任务，因此本书用第 m 类维修任务与维修任务子集 u 中各类维修任务差异度的平均值来表示 D_{mu}，由此可得

$$D_{mu} = \frac{1}{H_u} \sum_{h=1}^{H_u} d_{mh} \tag{4 - 14}$$

式中：H_u 为第 u 个维修任务子集中所包含的维修任务类型数量；d_{mh} 为第 m 类维修任务与维修任务子集 u 中第 h 类维修任务之间的差异度。

由于事务相互间的相似系数与差异系数是一对互反的因素，因此可根据第 m 类维修任务和第 h 类维修任务之间的相似系数 S_{mh} 推导出差异度 d_{mh}，由此可得

$$d_{mh} = 1 - S_{mh} \tag{4 - 15}$$

定义 2：将第 m 类维修任务应划分到维修任务子集 u 中的程度称为第 m 类维修任务隶属于维修任务子集 u 的隶属度，用参数 S'_{mu} 表示。

根据聚类方法，可以求解出 S'_{mu} 与 D_{mu} 的关系如下：

$$S'_{mu} = \left[\sum_{l=1}^{U} \left(\frac{D_{mu}}{D_{ml}} \right)^2 \right]^{-1} = \left[D_{mu}^2 \cdot \sum_{l=1}^{U} \left(\frac{1}{D_{ml}} \right)^2 \right]^{-1} \tag{4 - 16}$$

目前，对聚类分组结果进行评价最常用的评价指标为差异度和隶属度的最小平方误差和 $f(U)$。根据参数 S'_{mu} 和 D_{mu} 可得

$$
\begin{aligned}
f(U) &= \sum_{m=1}^{M} \sum_{u=1}^{U} (S'_{mu})^2 (D_{mu})^2 \\
&= \sum_{m=1}^{M} \sum_{u=1}^{U} \left[H_u^2 \cdot \left(\sum_{h=1}^{H_u} (1 - S_{mh}) \right)^{-2} \cdot \right. \\
&\quad \left. \left(\sum_{l=1}^{U} \left(H_u \cdot \left(\sum_{h=1}^{H_u} (1 - S_{mh}) \right)^{-2} \right) \right] \right.
\end{aligned} \tag{4 - 17}
$$

$f(U)$ 的数值越小则表示维修任务分组结果越优。对维修任务分组进行评

价,即是通过对众多的聚类分组结果进行分析,找出 $\min f(U)$ 及相应的 U 值,从而得到与之对应的、最优的维修任务子集数量 U 及聚类分组结果。当有多个最小值时,选择所划分的维修任务子集数量最少的作为最终的结果。

4.2.2　确定基本维修单元的资源构成

由基本维修单元的定义可知,构成基本维修单元的资源是其完成"规定维修任务"所必需的、最少的维修资源集合。将维修任务分组所得出的不同维修任务子集,作为各类基本维修单元所需完成的"规定维修任务",则各类基本维修单元的资源构成就是能够完成维修任务子集中各类维修任务所需的最小资源集合。因此,取维修任务子集中各类维修任务所需每种维修资源的最大值作为构成基本维修单元的该类资源数量值,其原理如图 4 – 5 所示。具体方法如下:

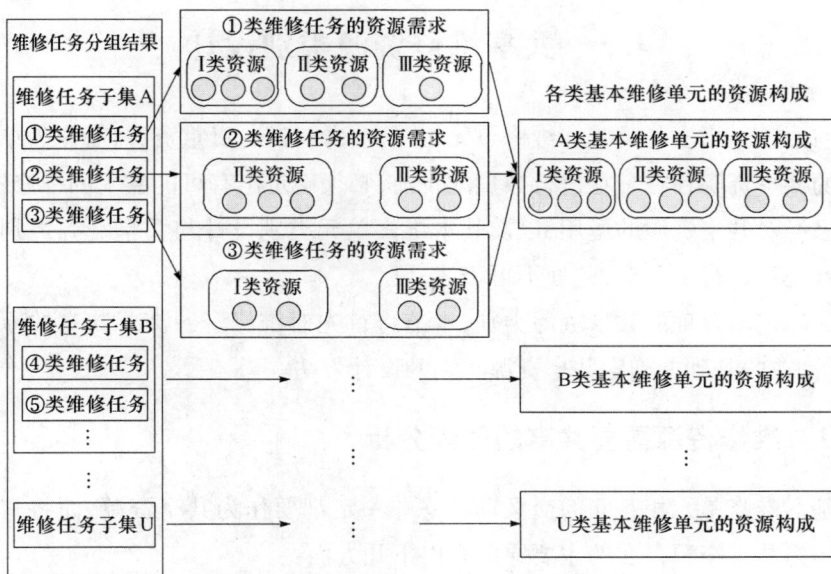

图 4 – 5　基本维修单元资源构成设计原理

假设共形成了 U 个维修任务子集,第 u 个子集中所包含维修任务类型数量为 H_u。针对这些维修任务子集可形成 U 类基本维修单元,第 u 类基本维修单元应具有完成 H_u 类维修任务的能力。基本维修单元内配备的各类维修资源数量

应是完成各项维修任务所需各种维修资源的最大值,由此可确定出各类基本维修单元的维修资源构成,即

$$SR = \{sr_{uij}^{P}, sr_{uk}^{E} \mid u = 1, \cdots, U; i = 1, \cdots, N^{P};$$

$$j = 1, \cdots, G_{i}; k = 1, \cdots, N^{E}\} \qquad (4-18)$$

$$sr_{uij}^{P} = \max\{mr_{1ij}^{P}, mr_{2ij}^{P}, \cdots, mr_{h_{u}ij}^{P}, \cdots, mr_{H_{u}ij}^{P}\} \qquad (4-19)$$

$$sr_{uk}^{E} = \max\{mr_{1k}^{E}, mr_{2k}^{E}, \cdots, mr_{h_{u}k}^{E}, \cdots, mr_{H_{u}k}^{E}\} \qquad (4-20)$$

式中:SR 为基本维修单元的资源构成;sr_{uij}^{P} 为构成第 u 类基本维修单元的第 i 专业第 j 等级的维修人员数量;sr_{uk}^{E} 为构成第 u 类基本维修单元的第 k 类维修设备的数量;$mr_{h_{u}ij}^{P}$ 为第 u 个维修任务子集中,第 h_{u} 类维修任务所需的第 i 专业第 j 等级的维修人员数量;$mr_{h_{u}k}^{E}$ 为第 u 个维修任务子集中,第 h_{u} 类维修任务所需的第 k 类维修设备数量。

4.3 共享维修资源类别设计

前面已经指出各类基本维修单元相互交叉的稀缺、贵重资源,需作为单元相互间的共享资源存在。在进行数量配备前,必须确定出有可能共享的维修资源。前面已经对共享资源的运用,以及基本维修单元类别设计与共享资源类别设计的相互关系进行了分析,此处不再赘述。

为确定出合理的共享资源类别,本节将首先对维修资源需要共享的原因进行分析,在此基础上确定共享资源类别的设计方法。

4.3.1 维修资源需要共享的原因分析

基本维修单元相互间的交叉资源并非一定都要作为共享资源,而将其独立出来作为共享资源存在的主要原因有以下几方面:

(1)如果要将某类维修资源作为共享资源,这类资源首先必须是多类基本维修单元均包含的资源,并且将其作为共享资源,这样能够显著提高维修资源的使用效率,降低维修资源总需求,保证维修任务的顺利实施。

(2)从总体上看,各类基本维修单元对某类维修资源的有效占用率都比较低,如果将该类维修资源作为各类基本维修单元的独有资源,将会造成严重的资

源闲置浪费,降低资源的使用效率,以至延误任务的完成,增加维修成本。这里所指的闲置浪费并不是指由于资源配备数量冗余所造成的闲置浪费,而是指由于基本维修单元类别设计结果所带来的闲置浪费:当基本维修单元在执行某维修任务时,该维修任务实际不需要单元内的某一资源,但由于基本维修单元作为一个整体使用,维修资源被占用但没有实际参与执行维修任务所产生的闲置浪费。为降低维修成本,提高维修服务能力,应避免产生这种维修资源的闲置浪费,因此需将闲置浪费较大的维修资源作为共享资源。

（3）各类维修资源的属性不同,在维修过程中所发挥的效能不同,所产生的闲置浪费对维修任务顺利实施的影响作用也就不同。装备维修过程中,某类维修资源的使用强度越大、配备的数量越少,越有可能成为制约维修任务顺利实施的瓶颈,对维修任务而言也就越重要。如果将这样的维修资源作为单元独有资源,其产生的闲置浪费将会严重影响维修任务的顺利实施。因此,应将这些对维修任务较为重要的维修资源作为共享资源存在,以避免其无效占用的情况发生,保证维修任务顺利完成。

4.3.2　共享资源类别设计的目标及确定标准

基本维修单元编配问题的根本目标在于提高维修服务能力,降低维修资源投入,将其落实在共享资源类别设计中,则表现为如何提高维修资源的使用效率,充分发挥维修资源的应有效能,以便保证维修任务的顺利实施,降低维修资源需求。这与“维修资源闲置浪费控制合理”的基本维修单元分类设计原则相一致。

根据共享资源类别设计的目标,结合维修资源需要共享的原因,确定如下的共享资源确定标准:

（1）共享资源必须为多种基本维修单元的交叉资源。

（2）如果将某类维修资源作为单元独有资源,其造成的闲置浪费越多,越应将该类维修资源作为共享资源。

（3）某类维修资源对维修任务顺利实施的影响作用越大,越应将该类维修资源作为共享资源。

在确定共享资源时,需要综合考虑以上三个标准。为确定切实可行的共享资源类别设计方法,使方法具有可操作性,必须将上述的标准量化,为此本书给出如下的定义。

1. 共享度

共享度描述使用到每类维修资源的基本维修单元种类、数量。

定义 3:将需要配备某类维修资源的基本维修单元种类、数量称为该类维修资源的共享度。

可见,维修资源的共享度是介于 1 和基本维修单元类型数量 U 之间的一个数值。只有共享度大于 1 的维修资源才有可能作为共享资源。

2. 无效占用工时

本书将某类维修资源用作基本维修单元的独有资源时,由于基本维修单元所执行的维修任务没有使用到该类维修资源,但维修资源仍作为基本维修单元的一部分被占用所产生的闲置浪费情况称为维修资源的无效占用,如图 4 - 6 所示。为了对维修资源这种闲置浪费情况加以衡量,本书提出维修资源无效占用工时的概念。

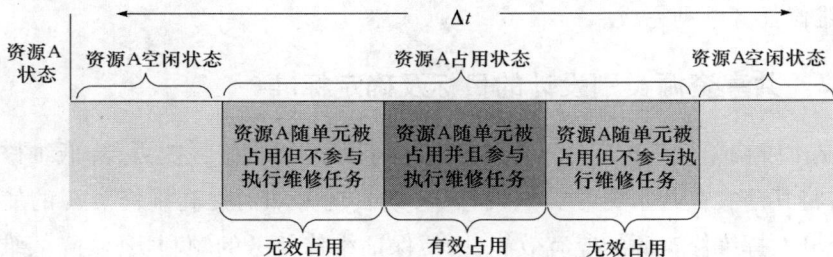

图 4 - 6　维修资源无效占用示意图

定义 4[①]:某类维修资源作为基本维修单元独有资源时,在单位时间内,该类维修资源被各种基本维修单元占用的总工时数,与该类维修资源实际参与执行维修任务的有效工时数之间的差值,称为该类维修资源的无效占用工时。

由于在维修排队过程达到稳态时,维修任务到达的平均速度与离开的平均速度相同[165,166]。由此可以得到单位时间内各类基本维修单元和维修资源所需完成的维修任务数量。各类基本维修单元所需完成维修任务数量、各维修任务的持续时间,以及该类单元所包含的某类维修资源数量的乘积,即为

---

　　① 上述定义中,如果维修资源为"人"则概念中的工时指人·时,如果维修资源为"设备"则概念中的工时指设备·时。

该类基本维修单元对某类维修资源的占用工时,进而可以求出各类维修资源被占用的总工时数;各类维修资源实际参与执行维修任务的有效工时数即为该类维修资源单位时间内所需完成的维修任务数量、各维修任务的持续时间、维修任务对该类维修资源需求数量的乘积。至此,即可得出各类维修资源的无效占用工时,即

$$UE_{ij} = \sum_{u=1}^{U} \sum_{m=1}^{M} (\lambda_m \cdot mt_m \cdot f_{um} \cdot sr_{uij}^P) -$$

$$\sum_{m=1}^{M} (\lambda_m \cdot mt_m \cdot mr_{mij}^P) \qquad (4-21)$$

$$UE_k = \sum_{u=1}^{U} \sum_{m=1}^{M} (\lambda_m \cdot mt_m \cdot f_{um} \cdot sr_{uk}^E) -$$

$$\sum_{m=1}^{M} (\lambda_m \cdot mt_m \cdot mr_{mk}^E) \qquad (4-22)$$

式中:UE_{ij} 为第 i 类专业第 j 等级维修人员的无效占用工时;UE_k 为第 k 类维修设备的无效占用工时;M 为维修任务的种类数量;U 为基本维修单元的种类数量;λ_m 为第 m 类维修任务的平均到达速度,等于该类维修任务单位时间内完成后离开的平均速度;mt_m 为第 m 类维修任务的平均持续时间;f_{um} 为第 u 类基本维修单元是否能够完成第 m 类维修任务,如果能则 $f_{um}=1$,否则 $f_{um}=0$;sr_{uij}^P 为构成第 u 类基本维修单元的第 i 专业第 j 等级的维修人员数量;mr_{mij}^P 为完成第 m 类维修任务所需的第 i 专业第 j 等级的维修人员数量;sr_{uk}^E 为构成第 u 类基本维修单元的第 k 类维修设备的数量;mr_{mk}^E 为完成第 m 类维修任务所需的第 k 类维修设备的数量。

3. 重要度

由前面的分析可知,维修资源的使用强度越大、配备数量越少,其对维修任务的重要程度越高。可见,维修资源对维修任务的重要程度主要受其使用强度和配备数量这两方面的影响。

维修资源的使用强度是指维修资源在单位时间内需完成的工作量,可用其单位时间内需要完成的维修任务数量、各维修任务的持续时间和维修任务所需该类维修资源数量的乘积来表示。由此可得维修资源的使用强度为

$$UI'_{ij} = \sum_{m=1}^{M} \lambda_m \cdot mt_m \cdot mr_{mij}^{P} \qquad (4-23)$$

$$UI'_{k} = \sum_{m=1}^{M} \lambda_m \cdot mt_m \cdot mr_{mk}^{E} \qquad (4-24)$$

式中：UI'_{ij} 为第 i 专业第 j 等级维修人员的使用强度；UI'_{k} 为第 k 类维修设备的使用强度。

一般情况下，各最小组织单位都有一些贵重、稀缺的维修资源，相对于简易的、成本较低的资源其配备数量较少。如果将这种维修资源作为单元独有资源，则会使维修任务的完成时间延长。在共享资源类别设计时并不知道维修资源的配备数量，但通常维修资源的成本越高，配备的数量越少，由此可将维修资源配备数量较少的原因简单归结为维修资源的单一成本较高。

由上面的分析可知，维修资源的使用强度越大、成本越高，其重要度越大。据此，本书给出如下的重要度定义：

定义 5：将某类维修资源的相对成本与相对使用强度的乘积称为该类维修资源的重要度。

其中，相对成本是该类维修资源的成本与各类维修资源中最高成本的比值；相对使用强度是该类维修资源的使用强度与各类维修资源使用强度最大值的比值。由此可得维修资源重要度为

$$I_{ij} = \frac{UI'_{ij}}{\max_{\substack{i \in [1,N^P] \\ j \in [1,G_i] \\ k \in [1,N^E]}} (UI'_{ij}, UI'_{k})} \cdot \frac{rc_{ij}^{P}}{\max_{\substack{i \in [1,N^P] \\ j \in [1,G_i] \\ k \in [1,N^E]}} (rc_{ij}^{P}, rc_{k}^{E})} \qquad (4-25)$$

$$I_{k} = \frac{UI'_{k}}{\max_{\substack{i \in [1,N^P] \\ j \in [1,G_i] \\ k \in [1,N^E]}} (UI'_{ij}, UI'_{k})} \cdot \frac{rc_{k}}{\max_{\substack{i \in [1,N^P] \\ j \in [1,G_i] \\ k \in [1,N^E]}} (rc_{ij}^{P}, rc_{k}^{E})} \qquad (4-26)$$

式中：rc_{ij}^{P} 为第 i 专业第 j 等级维修人员的单一成本；rc_{k}^{E} 为第 k 类维修设备的单一成本；I_{ij} 为第 i 专业第 j 等级维修人员的重要度；I_{k} 为第 k 类维修设备的重要度。

4. 闲置系数

根据上述的分析可知，对于共享度大于 1 的维修资源而言，维修资源的重要度不同，其产生的无效占用工时对维修任务的影响也不同。为研究确定共享资源的方法，综合衡量维修资源重要度和无效占用工时对维修任务的影响，本书提

出闲置系数的概念。

定义 6:将维修资源的重要度与维修资源被无效占用工时数的乘积,称为维修资源的闲置系数。

根据闲置系数的定义,可以得出闲置系数的计算方法:

$$IU_{ij} = I_{ij} \cdot UE_{ij} \tag{4 - 27}$$

$$IU_k = I_k \cdot UE_k \tag{4 - 28}$$

式中:IU_{ij} 为第 i 类专业第 j 等级维修人员的闲置系数;IU_k 为第 k 类维修设备的闲置系数。

维修资源的重要度越高,被无效占用的工时数越多,则其闲置系数越大,对维修任务的制约、影响程度也就越大。因此,需使各类维修资源的闲置系数保持在一个较低的水平,将闲置系数较大的维修资源作为共享资源,才能保证维修任务的顺利实施。

4.3.3　共享资源类别确定方法

根据上述的分析,本书提出如图 4 - 7 所示的共享资源类别确定流程。

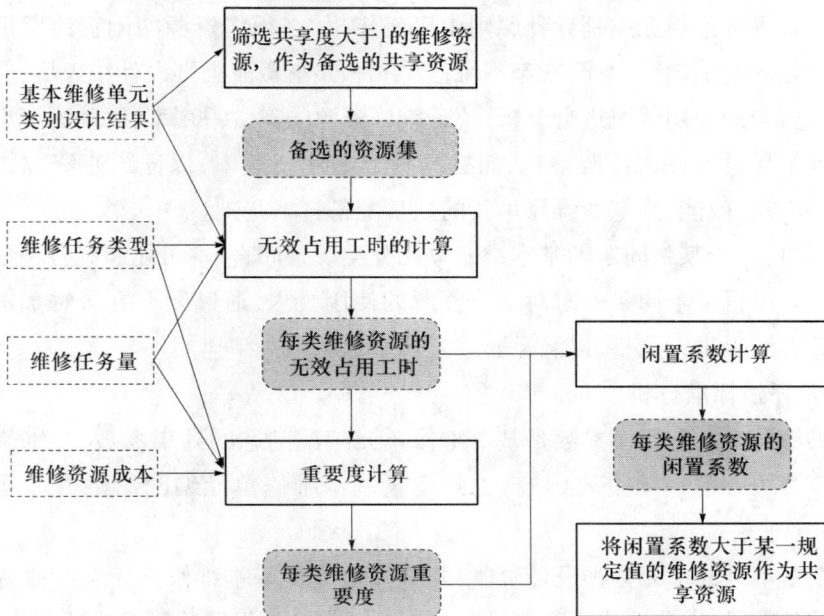

图 4 - 7　共享资源类别确定流程

上述的共享资源类别确定过程可分为以下具体步骤：

步骤1：根据基本维修单元类别设置结果，计算各类维修资源的共享度，找出共享度大于1的维修资源，即找出各类基本维修单元间相互交叉维修资源类型，确定可能作为共享资源的资源类型集。

步骤2：根据式(4-22)和式(4-23)计算各类维修人员和维修设备的无效占用工时。

步骤3：根据式(4-24)～式(4-27)计算各类维修人员和维修设备的重要度。

步骤4：根据式(4-28)、式(4-29)计算各类维修人员和维修设备的闲置系数。

步骤5：借鉴相关专家意见，并结合实际情况，确定闲置系数标准，将闲置系数大于标准值的资源作为共享的维修资源。

4.4 分类设计结果的评估及调整

在基本维修单元类别设计原则中已经指出，必须将资源的闲置浪费情况控制在合理的范围内。因此，在基本维修单元和共享资源类别设计结束后，应对各类维修资源的使用情况进行分析，统计维修资源的有效占用率，以此为标准对分类设计结果进行评估及调整，从而提高资源的使用效率，保证维修资源物尽其用、发挥应有效能，为基本维修单元的数量配备打下基础。

同时，对于某一固定的基本维修单元分类设置而言，不可能满足各种情况下的要求。可根据不同条件时对维修资源的使用要求，通过以下方法对基本维修单元分类结果进行调整，以满足要求。

1. 评估标准分析

维修资源的利用率参数是基本维修单元编配问题的约束参数，是维修指挥人员较为关心的一项重要内容，也是衡量基本维修单元编配结果的一项重要指标。

在基本维修单元分类设计阶段，并不知道各类基本维修单元和维修资源的具体配备数量，由此造成一些资源利用率参数在分类设计阶段无法计算，也就无法作为此阶段结果评估的参数，如维修人员有效利用率、维修设备有效利用率等。而各有效占用率参数则只与维修任务以及基本维修单元和共享资源的类别相关,与其数量无关;资源的有效占用率越高,证明基本维修单元在执行维修任务过程中对维修资源的闲置浪费越小,资源的使用效率就越高。

　　维修资源的有效占用与前面所提的无效占用是一对相反的概念。各类维修资源的有效占用率则是指维修资源执行维修任务所消耗的工时与被各类基本维修单元占用工时的比值;全部维修人员(设备)的有效占用率则为各种类维修人员(设备)有效占用率的平均值。由此可以得出维修资源有效占用率的计算公式:

$$
EN_{ij} = \begin{cases} \dfrac{\sum\limits_{m=1}^{M}(P_m \cdot mt_m \cdot mr_{mij}^{P})}{\sum\limits_{u=1}^{U}\sum\limits_{m=1}^{M}(sr_{uij} \cdot P_m \cdot mt_m \cdot f_{um})} & \text{第 } i \text{ 专业第 } j \text{ 等级的维修人员为独有资源时} \\[4mm] 1 & \text{第 } i \text{ 专业第 } j \text{ 等级的维修人员为共享资源时} \end{cases}
$$

$$(4-29)$$

$$
EN_{k} = \begin{cases} \dfrac{\sum\limits_{m=1}^{M}(P_m \cdot mt_m \cdot mr_{mk}^{E})}{\sum\limits_{u=1}^{U}\sum\limits_{m=1}^{M}(sr_{uk} \cdot P_m \cdot mt_m \cdot f_{um})} & \text{第 } k \text{ 类维修设备为独有资源时} \\[4mm] 1 & \text{第 } k \text{ 类维修设备为共享资源时} \end{cases}
$$

$$(4-30)$$

$$
EN^{P} = \frac{\sum\limits_{i=1}^{N^{P}}\sum\limits_{j=1}^{G_i} EN_{ij}}{\sum\limits_{i=1}^{N^{P}} G_i} \qquad (4-31)
$$

$$
EN^{E} = \frac{\sum\limits_{k=1}^{N^{E}} EN_{k}}{N^{E}} \qquad (4-32)
$$

式中:EN_{ij} 为第 i 专业第 j 等级维修人员的有效占用率;EN_k 为第 k 类维修设备的有效占用率。

　　为此,在基本维修单元分类设计阶段,将维修资源的有效占用率 EN^P、EN^E

作为衡量基本维修单元和共享资源类别设计结果的标准。如果分类设计结果不能满足要求,则对其进行调整;如果满足,则直接将其作为基本维修单元分类设计的输出。

2. 调整原则分析

基本维障单元的类别确定了最小维修组织单位的内部结构应具有一定的稳定性,不应随外部因素的变化而有较大的改变,从而便于维修资源的指挥管理;同时,相对固定的基本维修单元类别也有利于单元内各资源协调与配合。因此,在基本维修单元调整时,应尽可能在原有类别的基础上做最小的调整。根据上述分析,确定如下的基本维修单元类别调整原则:

对基本维修单元和共享资源种类作最小的调整,而最大限度地提高资源有效占用率,以便降低资源需求数量,缩短维修任务完成时间。

3. 调整方法及步骤

根据以上分析,在维修人员或维修设备有效占用率不能满足要求时,本书将按照如图4-8所示的方法对基本维修单元和共享资源的种类进行调整。

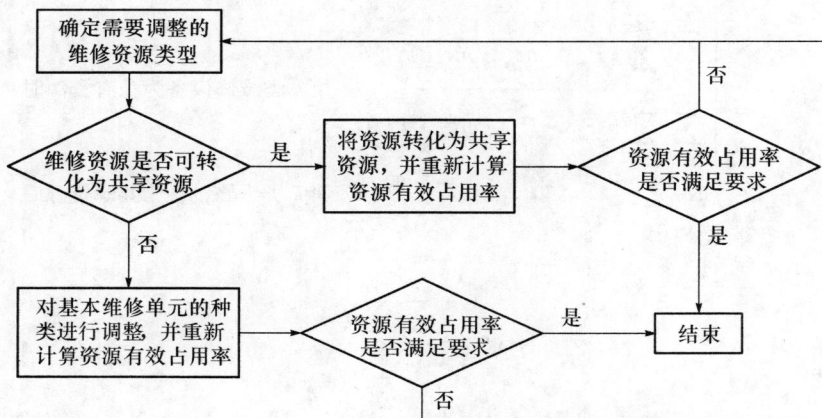

图4-8 类别设计结果调整方法

步骤1:确定需调整的维修资源类型。

调整的目标在于提高资源的有效占用率,因此在对种类进行调整时,将有效占用率较低的维修资源作为需要进行调整的目标资源。根据式(4-30)~式(4-33)计算各类维修人员和设备的有效占用率,并按照从低到高的顺序排列。将有效占用率最低的维修资源作为将要调整的对象。

步骤2:判断所选维修资源的共享度是否大于1,即该类维修资源是否可作为共享资源,是则转到步骤3;否则转至步骤4。

步骤3:将所选的维修资源转化为共享资源,在全部需要该类资源的基本维修单元间共享,并重新计算维修资源的有效占用率。如果此时的资源有效占用率满足要求,则将此时的分类设计结果作为最终的输出;如资源有效占用率不满足要求,则返回步骤1重新计算。

步骤4:此时选取的维修资源无法转化为共享资源,即使用该类维修资源的基本维修单元只有一种。为提高维修资源的使用效率,按照下面的方法对使用该维修资源的基本维修单元进行调整:

假设根据上述步骤,选择了针对第 u 类基本维修单元中的第 i 类维修资源进行调整。从第 u 类基本维修单元所承担的维修任务子集中,将没有使用第 i 类维修资源的维修任务挑选出来,形成新的维修任务子集,这就使原有的一个维修任务子集变成两个,再分别以这两个维修任务子集为依据设立两类基本维修单元,即可完成对基本维修单元的调整。所形成的两类基本维修单元间的交叉资源均作为两类单元的共享资源。

4.5　基本维修单元分类设计示例

为验证书中所提方法的可行性和实用性,此处以某型高炮某等级的维修任务为例,对书中所述方法进行验证。该型装备可划分为火力系统、雷达系统、底盘系统、火控系统四个功能系统,是一种典型的多功能系统综合装备。

该装备的维修任务共有50类,全部维修任务的产生速度为5个/h。各类维修任务的维修人员需求及其发生概率如附表1所示,要求全部维修人员的有效占用率不低于0.7。该型武器装备的维修共用到21类维修设备(只列举了一些主要设备,如扳手、钳子等工具没有列出),各类设备的编号、成本如附表2所示,各项维修任务的维修设备需求如附表3所示。由于维修设备较为简单,对维修设备的有效占用率无要求。

1. 确定基本维修单元的种类

根据该装备的实际情况,此例计算中维修人员需求权重 P_p 和维修设备需求

权重 P_{E} 分别取 0.7 和 0.3；同时，维修所涉及的各专业分别设有两个级别的维修人员等级，对各专业助理工程师的权重取 0.75、修理工的权重取 0.25。据此，可计算出维修任务相互间的相似系数，此处以第 1 类和第 3 类维修任务的相似系数计算为例进行计算示范：

（1）第 1 类和第 3 类维修任务所需维修人员专业种类构成相同，可得 $S_{13}^{P_n} = 1$；

（2）计算第 1 类和第 3 类维修任务所需维修人员在等级和数量上的相似系数 $S_{13}^{P_s}$，有

$$S_{13}^{P_s} = = \frac{1}{4}\left[1 + \left(1 - \sqrt{0.75 \times 0 + 0.25 \times \left(\frac{2-1}{2}\right)^2} \right) + 1 + 1 \right]$$

$$= 0.9375$$

（3）第 1 类和第 3 类维修任务的维修人员需求相似系数 S_{13}^{P}，有

$$S_{13}^{P_n} = S_{13}^{P_n} S_{13}^{P_s} = 0.9375$$

（4）第 1 类和第 3 类维修任务均没有使用维修设备，因此这两项维修任务在维修设备方面的相似系数 $S_{13}^{E} = 0$；

（5）根据以上的计算，可得第 1 类和第 3 类维修任务的相似系数 S_{13}，有

$$S_{13} = 0.7 \times 0.9375 + 0.3 \times 0 = 0.65625$$

根据上述方法分别计算各类维修任务两两之间的相似系数，得出维修任务的相似系数矩阵：

$$S = \begin{pmatrix} 1 & 0.7 & \cdots & 0 & 0 & \cdots & 0 & 0 \\ 0.7 & 1 & \cdots & 0 & 0 & \cdots & 0 & 0 \\ \vdots & \vdots & \ddots & \vdots & \vdots & \ddots & \vdots & \vdots \\ 0 & 0 & \cdots & 1 & 0 & \cdots & 0 & 0 \\ 0 & 0 & \cdots & 0 & 1 & \cdots & 0 & 0 \\ \vdots & \vdots & \ddots & \vdots & \vdots & \ddots & \vdots & \vdots \\ 0 & 0 & \cdots & 0 & 0 & \cdots & 1 & 0.678125 \\ 0 & 0 & \cdots & 0 & 0 & \cdots & 0.678125 & 1 \end{pmatrix}$$

根据前面所介绍的方法对维修任务进行分组，形成如表 4 - 1 所列的分组结果。

表 4 - 1　维修任务分组结果

维修任务子集编号	包含的维修任务类型编号	维修任务子集编号	包含的维修任务类型编号
①	1、2、3、4、5、6、7、8、9、10、18、19、20、21、22	②	11、12、13、14、15、16、17、23、24、25
③	26、27、28、29、30、31、32、33、34、35、36、37、38、39、40、41	④	42、43、44、45、46、47、48、49、50

根据维修任务分组结果,可设置四类基本维修单元,各基本维修单元的功能即为表 4 - 1 所列的各维修任务子集所包含的维修任务,各类基本维修单元的维修人员构成和维修设备构成分别如表 4 - 2、表 4 - 3 所列。

表 4 - 2　基本维修单元的维修人员构成

基本维修单元类型编号	维修人员类型							
	炮助	炮工	雷助	雷工	底助	底工	火助	火工
①			1	2				
②							1	2
③	1	4						
④					1	4		

表 4 - 3　基本维修单元的维修设备构成

单元类型编号	维修设备类型编号																				
	A	B	C	D	E	F	G	H	I	J	K	L	M	N	O	P	Q	R	S	T	U
①													1							1	1
②									1		1	1	1	1	1	1	1	1	1		
③	1	1	1	1	1	1			1												
④		1					1	1	1												

2. 共享维修资源的确定

由表 4 - 3 可知,只有 B、I、K、M 四类维修资源的共享度大于 1,即只有这四类维修资源有可能成为共享资源,分析共享维修资源,只需对这四种资源进行分析即可。

（1）计算维修资源作为独有资源时的无效占用工时：

$$UE_B = 2.3065, UE_I = 3.16, UE_K = 3.015, UE_M = 1.912$$

（2）计算维修资源的重要度：

$$I_B = 1, I_I = 0.000874, I_K = 0.00058, I_M = 0.02781$$

（3）计算维修资源的闲置系数：

$$IU_B = 2.3065, IU_I = 0.00277, IU_K = 0.00176, IU_M = 0.0532$$

综合考虑装备维修过程中资源的使用情况,并结合专家意见,确定将闲置系数大于 1 的维修资源作为拟共享的维修资源,则本例中维修资源 B,即吊具将作为共享的维修资源。

3. 分类设计结果的评估及调整

根据维修人员的有效占用率要求,计算出各类维修人员的有效占用率： $EN_{炮助} = 0.566, EN_{炮工} = 0.832, EN_{雷助} = 0.682, EN_{雷工} = 0.661, EN_{底助} = 0.510, EN_{底工} = 0.687, EN_{火助} = 0.718, EN_{火工} = 0.944$。由此可计算出全部维修人员的有效占用率 $EN^P = 0.699$,不满足要求值。需要对基本维修单元的类型进行调整。

根据前面所述的调整方法,首先以底盘助理工程师为对象,对第④类基本维修单元进行调整;调整后维修人员的有效占用率为 0.761,仍然不能满足要求。此后再以火炮助理工程师为对象,对第①类基本维修单元进行调整,调整后维修人员的有效占用率为 0.815,满足要求。最后得出的基本维修单元的功能如表 4-4 所列,维修人员构成如表 4-5 所列,维修设备构成如表 4-6 所列。

表 4-4　调整后基本维修单元功能

单元编号	能完成的任务类型
①	1、2、3、4、5、6、7、8、9、10、18、19、20、21、22
②	11、12、13、14、15、16、17、23、24、25
③	26、27、30、31、32、37、
④	28、29、33、34、35、36、38、39、40、41
⑤	42、43、44、46、48、50
⑥	45、47、49

表 4-5　调整后基本维修单元的维修人员构成

单元编号	维修人员构成							
	炮助	炮工	雷助	雷工	底助	底工	火助	火工
①			1	2				
②							1	2
③		4						
④	1	4						
⑤					1	4		
⑥						4		

表 4-6　调整后基本维修单元的维修设备构成

单元编号	维修设备类型编号																				
	A	B	C	D	E	F	G	H	I	J	K	L	M	N	O	P	Q	R	S	T	U
①													1							1	1
②									1		1	1	1	1	1	1	1	1	1		
③	1	1	1			1		1													
④	1	1	1	1	1	1															
⑤		1						1													
⑥		1					1		1	1											

火炮修理工为第③、④类基本维修单元的共享资源;底盘修理工则为第⑤、⑥类基本维修单元的共享资源;A 类、C 类、F 类维修设备为第③、④类基本维修单元的共享资源;B 类维修设备为第③、④、⑤、⑥类基本维修单元的共享资源。

4. 分类设计结果分析

根据基本维修单元分类设计最终结果来看,第①、②类基本维修单元分别对应雷达系统修理和火控系统修理,据此可将其称为雷达修理单元和火控修理单元。由第③、④类基本维修单元的维修资源构成可知,第④类基本维修单元由其独有资源和第③类基本维修单元的全部维修资源所构成,即在需要火炮助理工程师执行维修任务时,其调用第③类基本维修单元组成第④类基本维修单元。因此可将第③、④类基本维修单元称为火炮系统修理单元,火炮助理工程师则为

101

该类单元内的共享资源。同理,可知第⑤、⑥类基本维修单元均为底盘修理单元,底盘助理工程师为底盘修理单元内的共享资源。

按照上述方法得出的结果,符合一般的基本维修单元和共享资源的类别设置情况,这充分证明了本书方法的实用性和合理性。

4.6　本章小结

本章首先对基本维修单元分类设计的原则进行了分析,并提出了基本维修单元分类设计的总体思路。在此基础上,提出了基于聚类的基本维修单元类别设计方法和基于维修资源闲置系数的共享资源类别设计方法。最后,以维修资源有效占用率为标准,对分类设计结果的评估及调整方法进行了分析。

第5章 基本维修单元的数量配备方法研究

本章在基本维修单元和共享资源类别确定的基础上,对基本维修单元数量配备问题进行分析。首先通过对维修排队过程的仿真建模,确定各类基本维修单元数量与维修任务平均完成时间之间的关系。然后,分别对不同目标、不同约束条件下的基本维修单元数量配备问题进行分析,并给出问题解决方法。

5.1 数量配备问题的分析与研究思路

基本维修单元数量配备是在基本维修单元和共享维修资源类别确定的基础上,根据作战任务对维修的要求和维修资源的约束,分析、确定各种基本维修单元配备数量的过程。约束条件不同、目标值选取不同,均会使数量配备问题不同,相应的求解方法也会有所不同。

根据第3章中对编配问题的划分方法,可将数量配备问题划分为满足维修资源约束的维修服务能力最大数量配备问题和满足维修任务要求的维修规模最小数量配备问题。当选取不同的参数对这两类问题的约束和目标进行描述时,还会产生不同的具体问题。本章只对以下两个典型的数量配备问题进行研究。

1. 以任务平均完成时间最短为目标的数量配备问题

在最小维修组织单位的各类维修资源数量均有限的条件下,求维修任务平均完成时间最短的数量配备问题。本书称之为以任务平均完成时间最短为目标的数量配备问题。该问题的已知条件和目标如下。

(1)已知条件:

① 维修任务约束:最小维修组织单位所承担的维修任务类型和维修任

务量。

② 维修资源约束：最小维修组织单位所配备的维修资源种类和各种维修资源的数量。

③ 基本维修单元种类：最小维修组织单位内设置的基本维修单元种类，以及各种基本维修单元的资源构成和所能完成的维修任务类型。

④ 共享资源种类：设置的共享资源种类，以及共享各类资源的基本维修单元类型。

（2）目标：最短的全部维修任务平均完成时间，以及相应的基本维修单元配备数量。

2. 以资源成本最少为目标的数量配备问题

在最小维修组织单位的维修任务平均完成时间不高于总维修任务时限要求的条件下，求维修资源需求总成本最少的基本维修单元编配问题。本书称之为以资源成本最少为目标的数量配备问题。该问题的已知条件、目标如下。

（1）已知条件。

① 维修任务约束：最小维修组织单位所承担的维修任务类型和维修任务量，以及对维修任务平均完成时间的要求。

② 维修资源约束：最小维修组织单位所配备的维修资源种类。

③ 基本维修单元种类：最小维修组织单位内设置的基本维修单元种类，以及各种基本维修单元的资源构成和所能完成的维修任务类型。

④ 共享资源种类：设置的共享资源种类，以及共享各类资源的基本维修单元类型。

（2）目标：最少的维修资源需求总成本，以及相应的基本维修单元配备数量。

由第3章的编配问题定量参数模型可知，通过解析的方法可建立基本维修单元配备数量与各类维修资源数量、维修资源总量之间的定量关系；而对于基本维修单元配备数量与维修任务平均完成时间的关系则无法通过解析的方法得到。

上述的两个基本维修单元数量配备问题均涉及维修任务的平均完成时间。在对上述两个问题进行求解之前，必须建立配备数量与维修任务平均完成时间之间的关系，以此为依据才能建立基本维修单元编配问题的数学模型，进而研究相应的求解方法。因此,本章将首先通过仿真的方法对维修任务的平均完成时间进行分析,然后再分别对上述两个基本维修单元数量配备问题的求解方法进行研究。根据以上分析,将本章所需解决的问题分为以下三个部分。

① 基本维修单元数量与维修任务平均完成时间的关系分析。维修任务的平均完成时间与维修任务量、任务类型、最小组织单位的服务规则,以及基本维修单元和共享资源的配备数量等众多因素有关。然而,维修任务排队通过基本维修单元和共享资源的过程,为非线性、非齐次的排队过程,无法通过解析方法进行分析。因此,本章将根据基本维修单元和共享资源的种类,采用 Extendsim 仿真软件,对维修排队过程进行仿真建模,进而分析基本维修单元数量与维修任务平均完成时间的关系。

② 以任务平均完成时间最短为目标的数量配备问题求解方法研究。由于基本维修单元配备数量与维修任务平均完成时间的关系是通过仿真方法求得的,因此无法用解析方法直接对该问题求解;由于其可行解数量众多,需要采用智能优化算法在众多的可行解中搜索最优解。因此,本书将采用嵌套仿真的遗传算法对满足维修资源数量约束的各种基本维修单元和共享资源数量配备方案进行搜索,从而得出最优的基本维修单元配备数量及相应的最短维修任务平均完成时间。

③ 以资源成本最少为目标的数量配备问题求解方法研究。对于该问题,由于并没有限定维修资源的数量,需要在 $[0, +\infty]$ 内对最优解进行搜索,无论采取何种优化算法都会面临搜索空间大、收敛速度慢等问题。因此,对该问题进行求解时,本书采用设定维修资源的初始数量,并以特定步长对维修资源的总成本进行增减的逐步寻优方法,将其转化为不同资源总成本约束下的数量配备问题,计算不同成本时的最短维修任务平均完成时间,直至得出满足维修任务完成时限要求的最小维修资源成本及相应的基本维修单元配备数量。

5.2　维修任务平均完成时间模型

根据前面的分析,可将最小维修组织单位执行维修任务的过程视为维修任务排队通过基本维修单元和共享资源的过程,维修任务的完成时间则是其排队通过基本维修单元和共享资源的时间。分析维修任务的平均完成时间,首先要对维修排队过程进行分析,进而才能建立相应的仿真模型,对维修任务的完成时间进行统计、分析。

5.2.1 维修排队过程分析

不同的最小维修组织单位承担的维修任务不同,所设置的基本维修单元和共享资源的种类也就不同。维修任务到达最小维修组织单位后,在相应基本维修单元前排队、接受服务,并离开的过程也就不同。本节主要对最小维修组织单位内维修排队过程所包含的基本结构进行分析,各种复杂维修排队过程均是由这些基本结构所组成,通过对基本结构的仿真建模方法进行分析,就可得出维修排队过程的仿真建模方法。

根据最小维修组织单位的基本维修单元分类设置情况,即可得出最小维修组织单位内的维修排队过程。为便于对维修排队过程进行分析,以及进一步地仿真建模,下面结合具体的示例进行说明:

假设某最小维修组织单位承担了七种维修任务,并配有七种维修资源。该最小维修组织单位内共设有三类基本维修单元,各类基本维修单元的维修资源构成如表 5-1 所列,各维修任务的维修资源需求如表 5-2 所列。

表 5-1 基本维修单元的维修资源构成

基本维修单元类型	维修资源构成						
	资源1	资源2	资源3	资源4	资源5	资源6	资源7
①	2	1				1	1
②			1		1	1	1
③				2	1		

其中,①和②类基本维修单元共享第 6 类维修资源,其余维修资源均作为基本维修单元的独有资源。

表 5-2 维修任务的维修资源需求

维修任务类型编号	维修资源需求							对应的基本维修单元类型
	资源1	资源2	资源3	资源4	资源5	资源6	资源7	
1	2	1						①
2	2					1	1	①
3				1	1			②

（续）

维修任务 类型编号	维修资源需求							对应的基本维 修单元类型
	资源 1	资源 2	资源 3	资源 4	资源 5	资源 6	资源 7	
4			1					②
5			1				1	②
6				2	1			③
7				2				③

根据上述基本维修单元设置情况,该最小维修组织单位内的维修排队过程如图 5 - 1 所示。

由图 5 - 1 可知,维修排队过程中存在以下两种基本的维修排队结构,任何复杂的维修排队过程均可由这两种基本结构所组成:

（1）多类基本维修单元、无共享资源的维修排队结构。多种维修任务根据其发生概率以及基本维修单元所能完成的任务类型,分别到相应基本维修单元前排队,当基本维修单元空闲时接受服务,之后离开。如图 5 - 1 中队列 2、3 与第②、③类基本维修单元构成的维修排队结构。

（2）多类基本维修单元、含共享资源的维修排队结构。多种维修任务根据其发生概率以及基本维修单元所能完成的任务类型,分别到相应基本维修单元前排队。只有当维修任务所需的基本维修单元独有资源和共享资源都准备就绪后,维修任务才离开队列,接受服务,然后离开。如图 5 - 1 中队列 1、2 与第①、②类基本维修单元构成的维修排队结构。

下面将采用 Extendsim 仿真软件对这两种维修排队结构进行仿真建模,进而建立最小维修组织单位内维修排队过程的仿真模型。

5.2.2　维修排队过程的仿真建模

1. Extendsim 仿真软件概述

Extendsim 仿真系统采取最短时间的事件步长法,即按发生时间的先后顺序对事件逐个进行考察,并以最短时间事件为步长一步一步地对系统的行为按照时间的进程来进行动态模拟[174]。

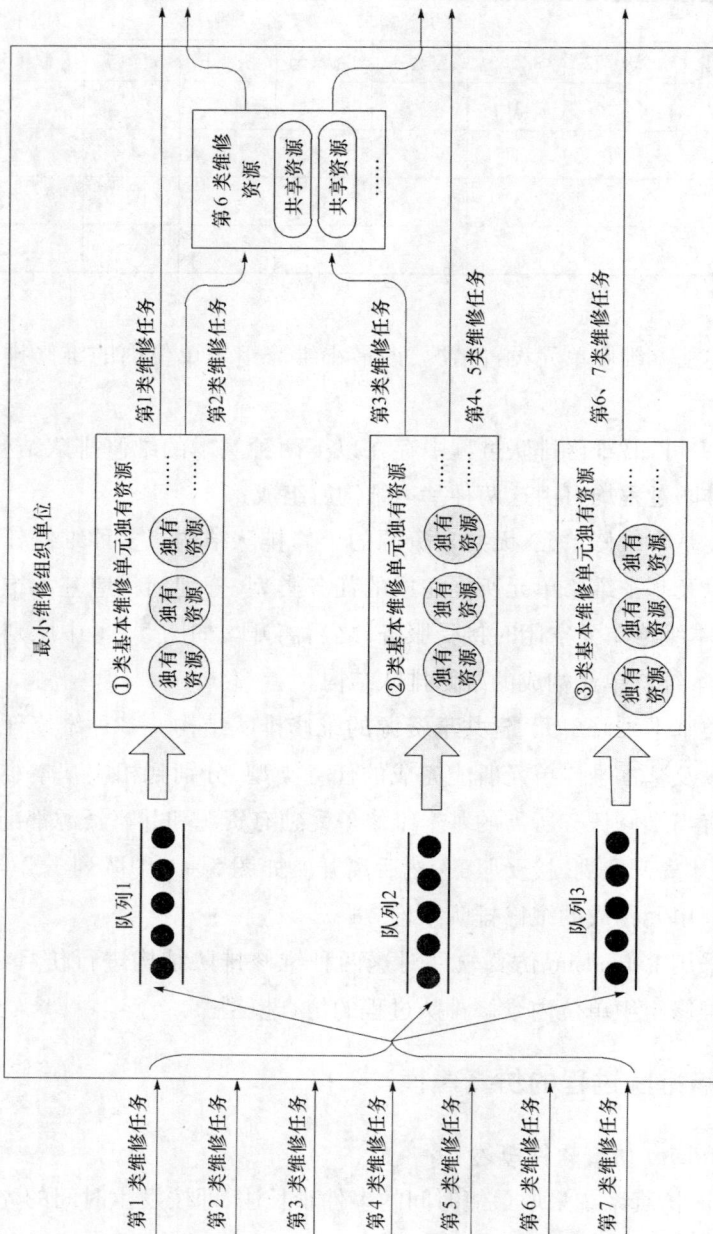

图5-1　维修排队过程示例

Extendsim 系统仿真软件相对于其他仿真软件,具有学习曲线短、建模高效、扩展灵活和易于掌握、开源性等特点。Joao Weinholtz[175] 等将 Extendsim 与其他 7 款主流仿真软件进行了对比,得出 Extendsim 综合性能优于其他仿真软件的结论。目前,该软件已被美军应用于武器系统效能评估、军事物流、作战战略和策略分析、军事通信等众多方面[176]。

基于上述 Extendsim 仿真软件的特点及优势,本书采用该软件对维修排队过程进行仿真建模。

2. 维修排队过程中各要素的模块表示

模块(Block)是 Extendsim 软件建模的最基本元素,每一个模块代表处理过程的一个计算或一个步骤,该软件对现实系统进行仿真所建立的模型是由一组模块相互连接而成的。在对维修排队过程进行仿真时,所用的 Extendsim 软件模块及其具体意义如表 5 – 3 所列。

表 5 – 3　Extendsim 软件常用模块

模块名称	模块图形	模块具体表示
Executive		Executive 模块的作用是调度维修任务的发生,为仿真的控制、任务的分配、属性的管理等提供参数设定。每个维修排队仿真模型中都要放置该模块。可以通过对 Executive 模块的属性进行修改来控制模型的运行情况
Create		Create 模块用以产生维修任务,通过该模块可设置维修任务的到达间隔、达到方式(单个到达、成批到达等)等参数
Queue		Queue 模块相当于基本维修单元前的排队队列,用以对维修任务进行暂存和排队,并按照设定的规则释放维修任务
Activity		Activity 模块将一条或者多条维修任务基于持续时间和到达时间在本模块中停留一段时间,再传送到下一个模块,起到基本维修单元的作用
Exit		Exit 模块将完成的维修任务从仿真模型中移除

（续）

模块名称	模块图形	模块具体表示
Select Item Out		Select Item Out 模块为输入到该模块的维修任务选择出口。主要用于选择结构，将维修任务按照相应的概率分配给不同的基本维修单元
Select Item In		Select Item In 模块按照某种规则从多个输入中选择输出的维修任务。主要用于将多个维修任务流，按照相关规则合并成为一个维修任务流
Resource Pool		Resource Pool 模块为资源池模块，用以表示仿真中的共享资源。该模块与处于资源池模式的 Queue 模块一起使用，将资源分配给队列中的维修任务，并在使用完毕后，通过 Resource Pool Release 模块释放。可在该模块中设置共享资源的数量、维修任务的分配原则等参数
Resource Pool Release		当一条需占用共享资源的维修任务通过该模块时，将共享资源释放回 Resource Pool 模块，其释放的共享资源数量必须和维修任务占用的共享资源保持一致
Set		Set 模块用于对通过该模块的维修任务类型、持续时间等属性进行设定

3. 基于 Extendsim 的维修排队过程仿真模型

本节首先对前面所提出的两类维修排队基本结构的仿真建模方法进行分析，在此基础上建立图 5-1 中所示维修排队过程的仿真模型。

1）多类基本维修单元、无共享资源的维修排队仿真建模

最小维修组织单位中通常设有多类基本维修单元，并承担着不同的维修任务。维修任务到达后，选择到与之对应的基本维修单元前排队等待接受服务，这就形成了多类基本单元、无共享资源的维修排队结构。以图 5-1 中②、③类基本维修单元为例，其所组成的维修排队结构如图 5-2 所示，可建立如图 5-3 所示的维修排队仿真模型。

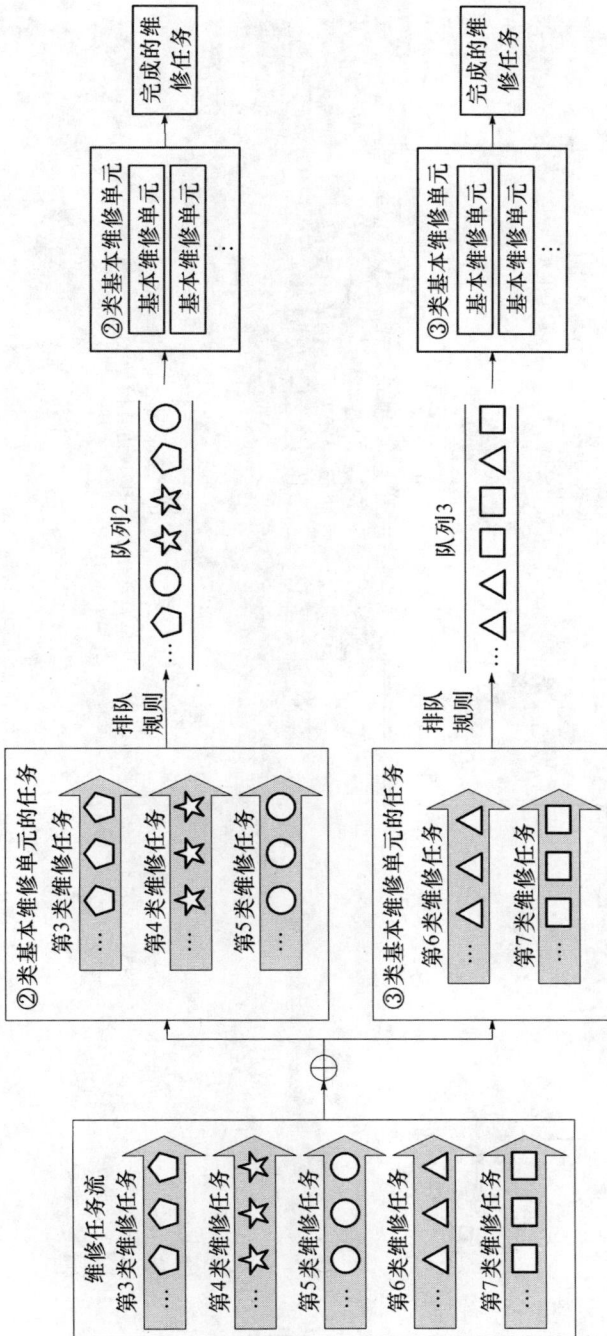

图5-2　多类基本维修单元、无共享资源的维排队结构

⊕表示"或"逻辑。

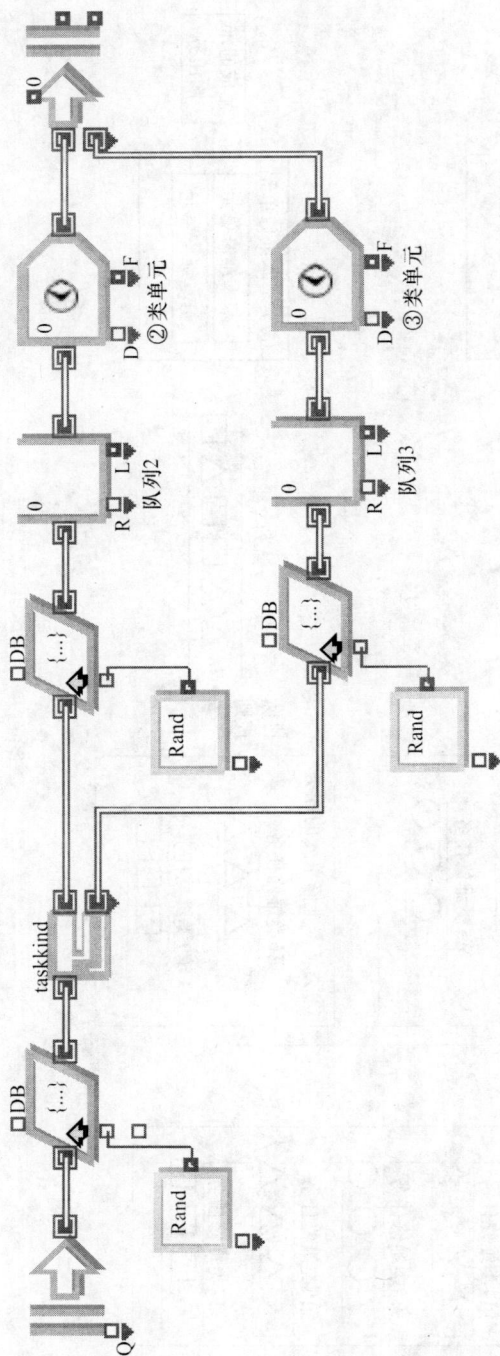

图5-3 多类基本维修单元、无共享资源的维修排队仿真模型

112

用 Select Item Out 模块实现维修任务在各类基本维修单元间的选择。当无须使维修任务到指定的基本维修单元时,可根据该模块概率表中设定的概率值使维修任务按照相应概率输出到各类基本维修单元。

当需要根据维修任务的特性(属性或优先级)选择到特定的基本维修单元排队时,首先需在 Select Item Out 模块前加入 Set 模块,用以定义维修任务的种类属性,并用 ⬚Rand—RandomNumber 模块对相应的种类属性进行赋值,确定各类维修任务的概率;同时,对 Select Item Out 模块进行设置,使其按 Set 模块设定的属性将维修任务输出到指定类型的基本维修单元。

由于基本维修单元对维修任务的服务时间随维修任务类型的不同而变化,为使维修任务在基本维修单元中停留的时间随任务类型产生变化,在 queue 模块前加入 Set 模块,用以设置经过该模块维修任务的持续时间属性,并用 RandomNumber 模块对相应的时间属性进行赋值,从而以特定概率对经过该模块的各维修任务的持续时间进行赋值。同时,对 Activity 进行设置,使基本维修单元按 Set 模块所设定的时间对维修任务进行服务。至此即可根据维修任务的持续时间,使基本维修单元具有不同的服务时间。

2) 多类基本维修单元、含共享资源的维修排队仿真建模

维修任务开始执行的前提是其所需的各种维修资源均准备就绪。当需要基本维修单元和共享资源的维修任务到达后,需在基本维修单元和共享资源前同时排队等待。只有当基本维修单元和共享资源都有空闲时,维修任务才离开队列,接受服务。而基本维修单元承担的各项维修任务并非全都需要共享维修资源,对于无须共享维修资源的维修任务而言,只要基本维修单元有空闲即可开始执行,而无须等待共享资源。在建立含共享资源排队结构时,需区分维修任务是否需要共享资源,将所需资源不同的维修任务分开排队,以获取不同的维修资源;同时,在维修任务离开队列进入基本维修单元接受服务时,按照相应服务规则选择各队列中具有较高优先级的维修任务进行服务。以图 5-1 中第①、②类基本维修单元共享第 6 类维修资源所构成的多类基本维修单元、含共享资源的维修排队过程为例,其维修排队结构如图 5-4 所示,可建立如图 5-5 所示的维修排队仿真模型。

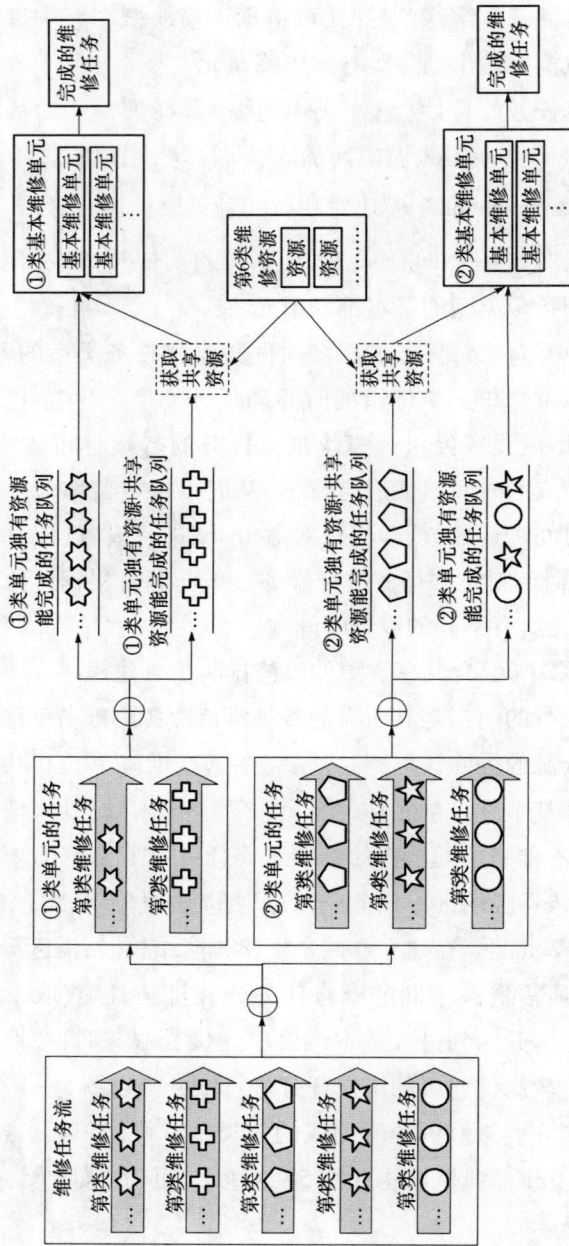

图5-4 多类基本维修单元、含共享维修资源的维修排队结构

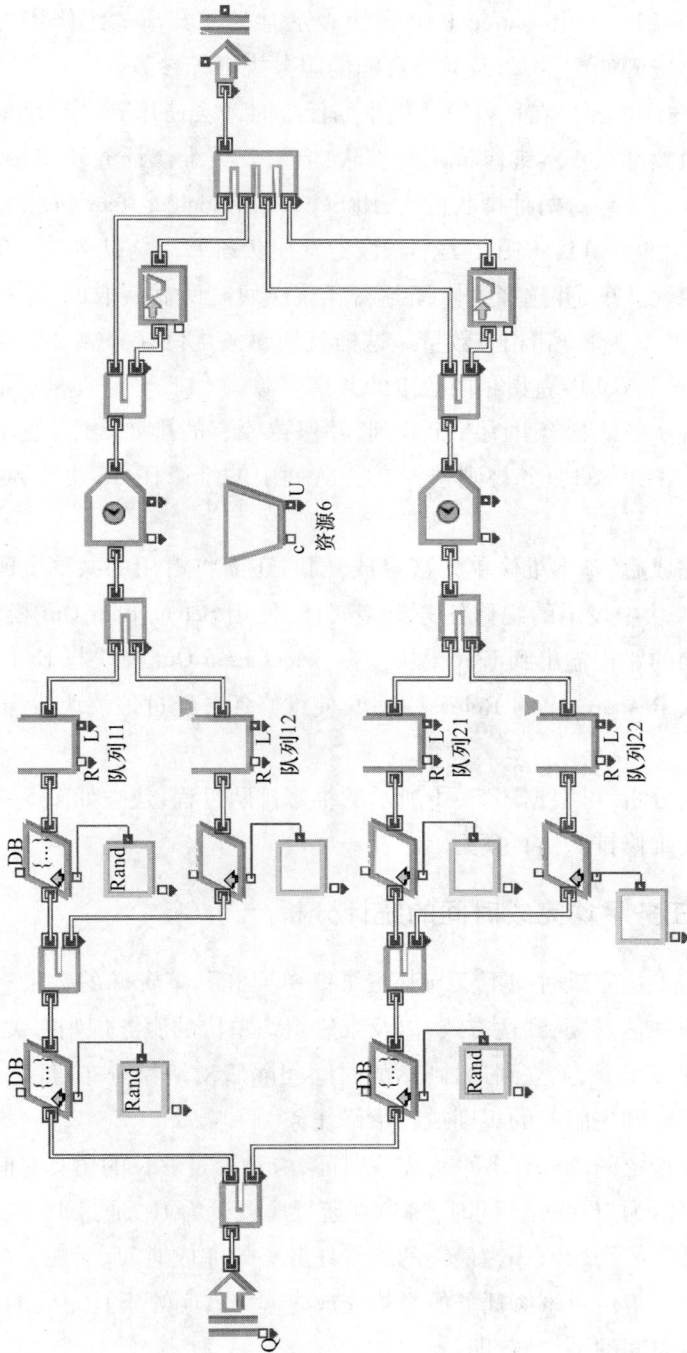

图5-5 多类基本维修单元、含共享维修资源的维修排队仿真模型

仿真模型中,用一个 Resource Pool 模块表示某类需共享的维修资源,可在该模块设置共享资源的数量,以及共享资源的服务规则等参数。

① 类基本维修单元只在执行第 2 类维修任务时才会使用到共享维修资源。各类维修任务虽然都在基本维修单元前排队,但第 2 类维修任务还需排队等待共享维修资源。为区分这两种排队行为,用 Set 模块和 Select Item Out 模块将第 1 类维修任务发往队列 11,将第 2 类维修任务发往队列 12。将队列 12 的 Queue 模块设置为资源池队列,并选择维修任务离开该模块时所需获取的共享资源类型(可添加多类共享资源)和相应数量。这样就使每条维修任务离开该队列时,必须在各 Resource Pool 中获得相应数量的共享资源。

为使分开排队的队列合并为一个队列,并保持原有的排队次序,使用 Select Item In 模块,按照相应的服务规则选择在各队列中的维修任务,使其通过该模块进入基本维修单元。

维修任务完成后,基本维修单元被释放,同时还需将占用的共享资源释放。因此,根据 Set 模块中设定的维修任务类型属性,使用 Select Item Out 模块将维修任务通过不同的路径输出到 Exit 模块。在 Select Item Out 模块与 Exit 模块之间的路径中加入 Resource Pool Release 模块,使维修任务经过该模块后释放共享资源。

结合以上的分析,可根据图 5 – 1 所示的维修排队过程,建立如图 5 – 6 所示的基本维修单元维修排队仿真模型。

5.2.3 维修任务平均完成时间的统计分析

维修任务的平均完成时间不仅与基本维修单元和共享资源的数量有关,而且与维修任务的到达强度、到达方式,以及维修组织单位的服务规则有关。在本书中假定维修任务单个、独立到达,到达的时间间隔服从泊松分布;规定最小维修组织单位按照先到先服务的规则执行维修任务。

为获得较为稳定的维修任务平均完成时间,应设置足够长的仿真时间,本书中将仿真时间设定为10000h。同时,将仿真运行次数设为10,通过10次的仿真求取各次仿真结果的平均值作为最终的维修任务平均完成时间。

最小维修组织单位对维修任务的平均完成时间 XT,应等于其完成的全部维修任务所需完成时间的平均值,即

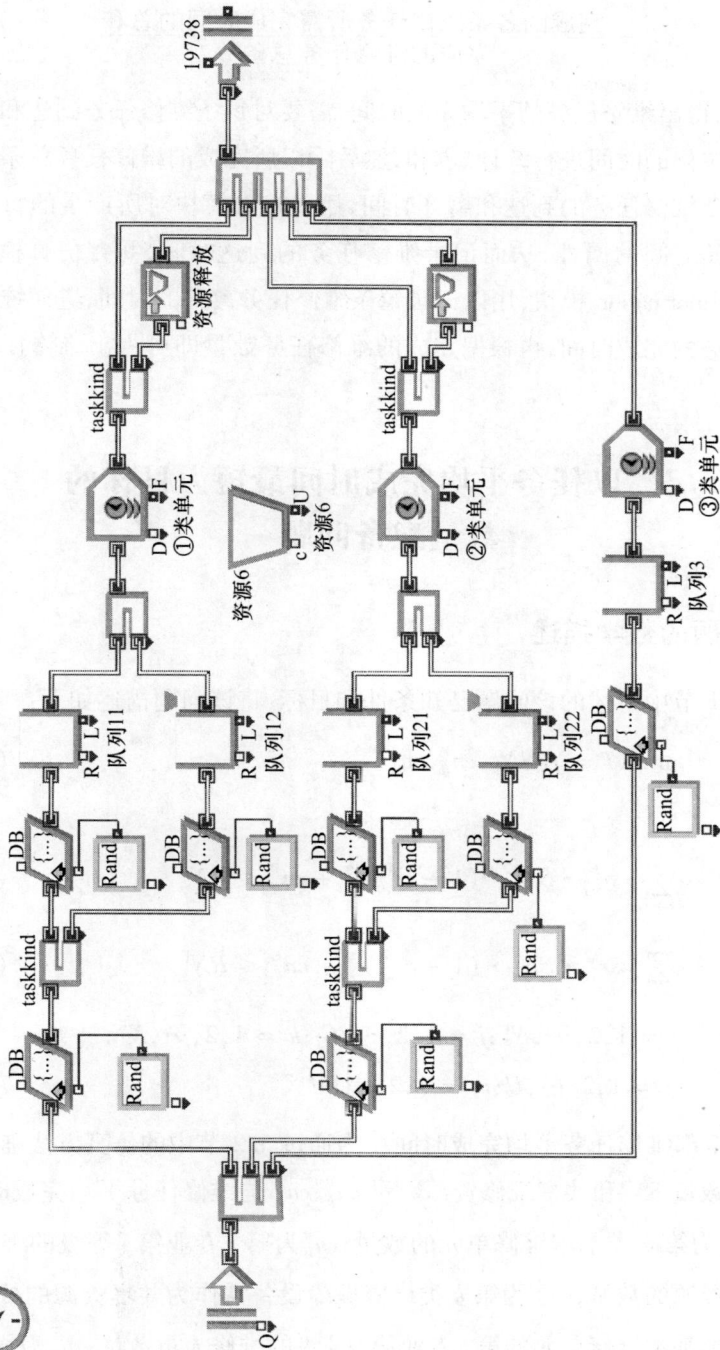

图5-6　维修排队仿真模型示例

$$XT = \frac{\text{完成的各条维修任务所需完成时间的总和}}{\text{完成的维修任务总条数}} \qquad (5-1)$$

因此,为得出维修任务的平均完成时间,需要对每条维修任务到达和离开最小维修组织单位的时间进行统计、求和,然后除以所完成的维修任务总条数。为统计得出每条维修任务的到达和离开时间,用 Create 模块对所产生的每条维修任务设置开始时间的属性,从而记录维修任务的到达时间,并在仿真模型 Exit 模块前加入 Information 模块,用以记录每条维修任务离开的时间,进而统计得出每条维修任务的完成时间,再根据完成的维修任务数量即可得出维修任务的平均完成时间。

5.3 以任务平均完成时间最短为目标的数量配备问题

5.3.1 问题的数学描述

根据 5.1 节中所述的该问题已知条件和目标,将该问题描述如下:

$$\min XT = f(SN_u, cn_{ij}^{P}, cn_k^{E}) \qquad (5-2)$$

s. t

$$\sum_{u=1}^{U} \left[sr_{uij}^{P} \cdot SN_u \cdot (1 - cr_{uij}^{P}) \right] + cn_{ij}^{P} \leqslant RN_{ij}^{P} \qquad (5-3)$$

$$\sum_{u=1}^{U} \left[sr_{uk}^{E} \cdot SN_u \cdot (1 - cr_{uk}^{E}) \right] + cn_k^{E} \leqslant RN_k^{E} \qquad (5-4)$$

$$i = 1,2,\cdots,N^{P}; j = 1,2,\cdots,G_i; k = 1,2,\cdots,N^{E};$$
$$u = 1,2,\cdots,U; m = 1,2,\cdots,M \qquad (5-5)$$

式中:XT 为全部维修任务平均完成时间;f 为通过 5.2 节中的仿真方法确定的基本维修单元数量 SN_u 和共享维修资源数量 cn_{ij}^{P}、cn_k^{E} 与维修任务平均完成时间 XT 的关系;SN_u 为第 u 类基本维修单元的数量;cn_{ij}^{P} 为第 i 专业第 j 等级的维修人员需作为共享资源的数量;cn_k^{E} 为第 k 类维修保障设备需作为共享资源的数量;sr_{uij}^{P} 为构成第 u 类基本维修单元的第 i 专业第 j 等级的维修人员数量;sr_{uk}^{E} 为构成第 u

类基本维修单元的第 k 类维修设备数量;RN_{ij}^{P} 为第 i 专业第 j 等级维修人员的总数量;RN_k^{E} 为第 k 类维修设备的总数量。

约束式(5-3)表示第 i 专业第 j 等级维修人员的数量约束;

约束式(5-4)表示第 k 类维修设备工具的数量约束。

5.3.2　基于嵌套仿真遗传算法的求解方法

维修任务的平均完成时间受各种基本维修单元和共享资源配备数量的综合影响,但与配备数量为非线性、非齐次关系;同时,各类基本维修单元所含维修资源不同,除了共享资源以外仍然存在资源的交叉问题,在一定的维修资源数量约束下,其可行解的数量众多,需要在众多的可行解中搜索最优解。这些都增加了问题的复杂性,使得问题的求解较为困难。

遗传算法是一种在众多领域内应用十分成熟的智能搜索算法,具有简单、通用、鲁棒性强等特点[177],众多文献已经对遗传算法的原理进行了详细的介绍,本书不再赘述。由于维修任务的平均完成时间与配备数量的关系是通过仿真的方法建立的,不存在准确的解析表达式。因此,本书将采用嵌套仿真的遗传算法对问题进行求解。该方法通过遗传算法产生大量的候选解,通过前面所述的仿真方法确定配备数量与维修任务平均完成时间的关系,再根据遗传算法的搜索功能,使算法向更短任务平均完成时间的方向发展,从而得出最佳的基本维修单元数量配备结果,其原理如图 5-7 所示,具体流程如图 5-8 所示。

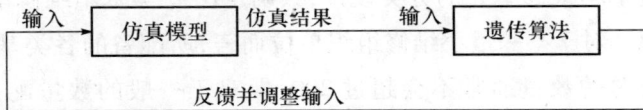

图 5-7　嵌套仿真的遗传算法原理

图 5-8 所示的流程中包含以下五个主要步骤:

步骤 1:配备数量的编码表示。本步骤是将可行的基本维修单元和共享资源数量配备结果转换为遗传算法所能处理的搜索空间。本书采用二进制编码方式对基本维修单元和共享资源配备数量进行编码。

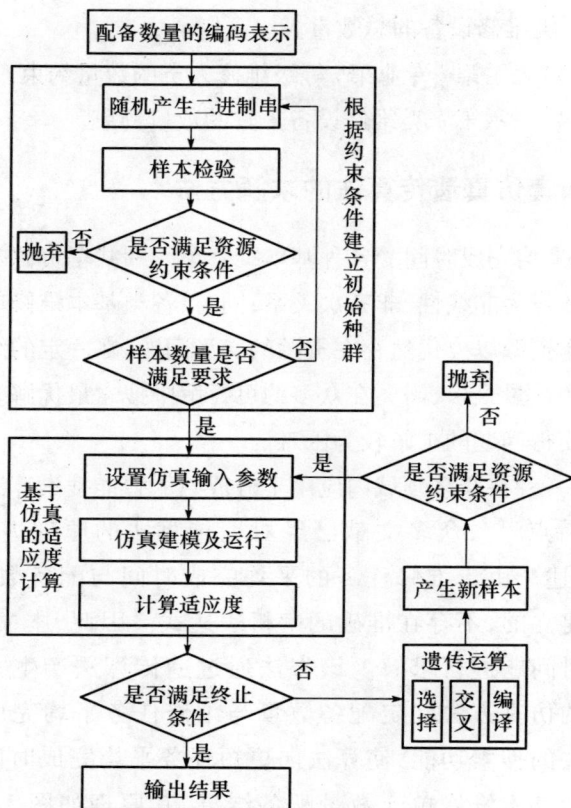

图 5-8 嵌套仿真的遗传算法流程

假设通过基本维修单元的分类设计,共确定出 U 类基本维修单元和 CN 类共享维修资源。对于某一最小维修组织单位而言,所配备的各类基本维修单元和共享维修资源的数量通常不会超过 200,即对于一般的数量配备问题 SN_u,cn_{ij}^P, cn_k^E 应为 $[0,200]$ 之间的整数。根据二进制编码的原理,采用长度为 l 的二进制串表示一个决策变量,l 可通过下式计算:

$$2^{l-1} < 200 - 0 < 2^l - 1 \qquad (5-6)$$

根据式(5-6)得出 $l=8$,即可用一个长度为 8 的二进制串表示一个决策变量。而在本问题中,共有 $U + CN$ 个决策变量,因此可用长度为 $8 \times (U + CN)$ 的二进制串表示一组基本维修单元数量配备结果。以 5.2 节中所述的基本维修单元分类设计结果为例,假定各类基本维修单元和共享维修资源的配备数量为 $(5,9,3,10)$,根据上述方法可将其表示为长度为 32 的二进制串,如图 5 - 9 所示。

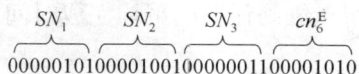

$$SN_1 \quad SN_2 \quad SN_3 \quad cn_6^E$$

00000101000010010000001100001010

图 5 - 9　基本维修单元数量配备结果的二进制编码

步骤 2:根据约束条件建立初始种群。建立初始种群的目的是为遗传算法设置一个起点,由此开始迭代寻求最优解。种群中的每一个染色体样本是一个二进制的编码串,表示一个可行的基本维修单元数量配备结果。而种群的规模,即包含的染色体数量则是遗传算法的重要参数之一。如果初始染色体数量不足,则会导致遗传算法的搜索效率不高,并容易使算法陷入局部寻优;反之则使得适应度计算的频率过高,其计算效率比较低。因此,初始种群规模的取值必须合适,通常取 50 ~ 200。

对于一般的优化问题而言,其约束条件仅为限定各个决策变量的取值范围。在建立初始种群时,则通常采用在决策变量取值范围内选取随机数的方式产生。但在本问题中,不仅有单一变量的取值限制,而且有多个变量组合运算后的全局约束。此时采用随机数的方式所产生的样本不一定满足全局约束条件。因此,本书在初始种群建立过程中加入样本检验的步骤,具体过程如下:

(1)随机产生二进制的编码串,即随机产生染色体样本。

(2)样本检验。将每一染色体转换为一组的数量配备结果,并根据维修资源的约束条件逐一进行检验。如果该染色体样本满足全部的资源约束,则将其保留,否则将该染色体样本剔除。

(3)根据前面的两个步骤不断产生新的染色体样本,直至满足约束条件的样本数量符合要求为止。

步骤 3:基于仿真的适应度计。适应度函数用于评估种群个体(染色体)的优劣,是根据目标函数确定的用于淘汰劣势个体的标准。本书中所求目标为最短的维修任务平均完成时间 XT。XT 值越小,表示当前的基本维修单元数量配备结果越优,通过后续的遗传操作使得优秀的个体能够以较大的概率出现在下一代。

由于维修任务平均完成时间是通过仿真统计得出的结果,因此在计算适应度时,应首先根据5.2节中所述的方法建立维修排队仿真模型,而后将种群中的样本作为输入进行仿真,得出维修任务的平均完成时间。

步骤4:遗传运算。

(1)选择。选择算子设计的目的是保证优良的个体以较大概率作为父代繁殖下一代。本书所选取的适应度评价函数 XT 值越小,则相应染色体被选中的概率应该越高,反之则越低,即染色体被选中的概率与适应度值成反比。因此,首先根据式(5-7)对 XT 进行转换处理,使得 XT 越大其转换后的 XT' 值越小,这样就保证了适应度值越小的样本能够以较大概率复制下一代。

$$XT' = \frac{maxXT + minXT - XT}{maxXT} \qquad (5-7)$$

然后,计算样本被选中的概率 K,即

$$K = \frac{XT'}{\sum XT'} \qquad (5-8)$$

最后,采用模拟的赌轮操作方式(即0~1的随机数)确定每个样本被选中的次数,这样通过 N 次选择就确定出匹配集中包含的 N 个个体。

(2)交叉。在染色体中,每8位二进制码代表一个基本维修单元数量配备结果。为保证在遗传运算过程中每类基本维修单元和共享资源的配备数量在交叉运算后均有所变化,本书对交叉算子设计如下:

从染色体的一端起,每8个基因位为一组,针对每组基因随机设定两个交叉点并相互交换两个交叉点之间的码串(图5-10为交叉运算示意图)。

(3)变异。本书选取基本位变异的方法,即以 [0.0001,0.1] 内的某一概率随机指定某一位基因进行变异运算从而产生出新一代的个体。

步骤5:终止条件设置。遗传算法的终止条件可根据实际的需求进行设置。本书综合采用"指定遗传进化代数"和"目标收敛度"作为运算中止的条件,当算法满足这两个条件其中之一时,输出当前群体中适应度值最小的染色体作为问题的最优解,即维修任务平均完成时间最短的基本维修单元数量配备结果。

第1组　　　　　　　　　　第2组

交叉点11　交叉点12　　　　交叉点21　交叉点22

交叉
运算

第1组　　　　　　　　　　第2组

交叉点11　交叉点12　　　　交叉点21　交叉点22

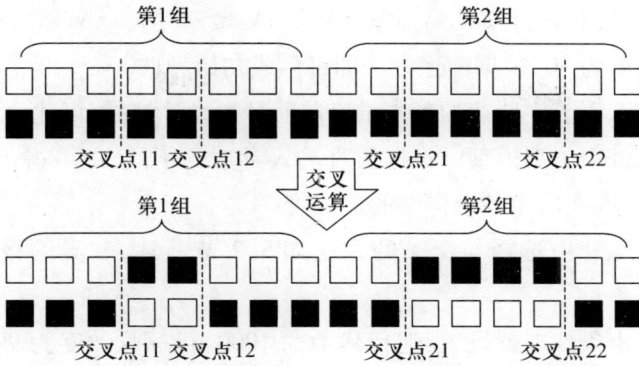

图 5 – 10　交叉运算示意图

5.3.3　计算示例

下面以 5.2 节中所述的基本维修单元分类设计结果为例,对上述方法进行说明。

假设各类维修任务的总到达速度 $\lambda = 4$ 个/h,各类维修发生概率及持续时间如表 5 –4 所列。

表 5 – 4　维修任务的发生概率及持续时间

任务类型编号	1	2	3	4	5	6	7
发生概率	0.15	0.2	0.25	0.1	0.05	0.1	0.15
持续时间/h	2	1	1.2	0.8	0.5	1.5	2

在本例中,各类维修资源实有数量分别为 $RN_1 = 6$、$RN_2 = 3$、$RN_3 = 4$、$RN_4 = 8$、$RN_5 = 5$、$RN_6 = 3$、$RN_7 = 5$。所求即为在目前的维修资源约束下,如何配备各类基本维修单元和共享维修资源的数量,从而使维修任务平均完成时间最短。

根据 5.3.2 节中所述方法进行计算:

(1)配备数量的编码表示。本例中的决策变量为三类基本维修单元的数量以及第 6 类共享资源的数量,因此采用长度为 32 的二进制串表示一组数量配备结果。

(2)根据各类维修资源的实有数量,可确定决策变量的约束条件为 2 ×

$SN_1 \leqslant 6$、$SN_1 \leqslant 3$、$SN_2 \leqslant 4$、$2 \times SN_3 \leqslant 8$、$SN_2 + SN_3 \leqslant 5$、$SN_1 + SN_2 \leqslant 5$、$cr_6 \leqslant 3$。本例中设置种群规模为50,根据前述方法即可生成初始种群。

（3）根据5.2节中所述的基本维修单元分类设计结果,可建立如图5-6所示的维修排队过程仿真模型。根据仿真输入参数的不同,即可得出维修任务的平均完成时间,进而确定各个样本的适应度。

（4）遗传运算中选择与交叉的方法如5.2节所述,变异的概率则设定为0.05。

（5）对终止条件进行设置:遗传代数为1000、目标收敛度为99%。当满足这两个条件之一时,遗传算法结束。

根据上述方法对问题进行求解,得出遗传算法的运行结果如图5-11所示。可见,经过1000代的遗传,目标收敛度为98.59%,此时得出的最优基本维修单元数量配备结果为$SN_1 = 3$、$SN_2 = 2$、$SN_3 = 3$、$cr_6 = 3$。

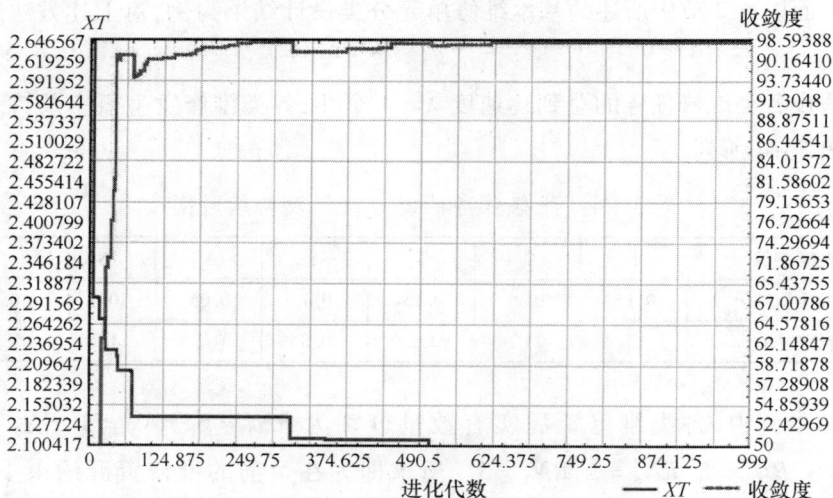

图 5 - 11　遗传算法运行结果示意图

在图5-6所示的维修排队仿真模型中,将各类基本维修单元和共享资源的数量按照上述结果进行设置,并运行一次仿真,可以得出维修任务平均完成时间的分布如图5-12所示。

可见,经过4000h的运行后,维修任务的平均完成时间趋于平稳。经过10次仿真后,得出的10组维修任务平均完成时间数据如表5-5所列。

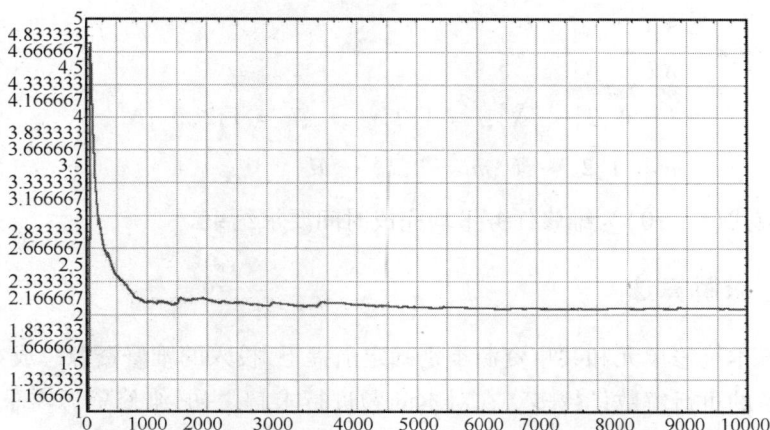

图 5 - 12　维修任务平均完成时间分布

表 5 - 5　维修任务平均完成时间的多次仿真结果

仿真次数	1	2	3	4	5	6	7	8	9	10
任务平均完成时间/h	2.108	2.045	2.097	2.067	2.132	2.056	2.083	2.130	2.061	2.063

通过上述 10 次仿真,得出的均值为 2.0836。至此即可得出,各类基本维修单元配备数量分别为 $SN_1 = 3$、$SN_2 = 2$、$SN_3 = 3$、$cr_6 = 3$ 时,维修任务的平均完成时间最短为 2.0836h。

5.4　以资源成本最少为目标的数量配备问题

5.4.1　问题的数学描述

根据 5.1 节中所述的该问题已知条件和目标,将该问题描述如下:

$$\min DC = \sum_{i=1}^{NP} \sum_{j=1}^{G_i} \sum_{u=1}^{U} \left[sr_{uij}^{P} \cdot SN_u \cdot rc_{ij}^{P} \cdot (1 - cr_{uij}^{P}) \right] +$$

$$\sum_{k=1}^{NE} \sum_{u=1}^{U} \left[sr_{uk}^{E} \cdot SN_u \cdot rc_k^{E} (1 - cr_{uk}^{E}) \right] +$$

$$\sum_{i=1}^{NP} \sum_{j=1}^{G_i} (cn_{ij}^{P} \cdot RC_{ij}^{P}) + \sum_{k=1}^{NE} (cn_k^{E} \cdot RC_k^{E}) \qquad (5 - 9)$$

125

s. t

$$XT \leqslant W \tag{5-10}$$

$$i = 1,2,\cdots,N^P; j = 1,2,\cdots,G_i; k = 1,2,\cdots,N^E;$$

$$u = 1,2,\cdots,U; m = 1,2,\cdots,M \tag{5-11}$$

约束式(5-10)为维修任务平均完成时间要求约束。

5.4.2　求解算法

在基本维修单元和共享资源类别确定前提下,投入的维修资源总成本越多,数量配备的可行解数量越多。在对本问题进行求解之初,维修资源需求的总成本并没有明确的区间范围,也就无法限定每类基本维修单元和共享资源的取值范围。此时,无论采取何种优化算法,都会面临搜索空间大、收敛速度慢等问题。

投入的维修资源总成本越多,可配置的维修资源数量也就越多,维修任务的平均完成时间就越短,即投入的维修资源总成本与维修任务的平均完成时间是成反比的。因此,可采取设定维修资源需求总成本的初始值,并在初始值的基础上进行调整的方法,对最少的维修资源需求总成本进行求解。这种思路可大大降低搜索的范围,缩短优化操作过程。根据这一思路确定如图5-13所示的问题求解过程。

步骤一:设定需求总成本初始值 DC'。初始值的设定是本方法中的重要步骤。当设定的初始值距离最小需求总成本较近时,则可有效减少优化迭代的次数,提高算法的计算速度。

根据维修任务的到达和离开必须达到相对平衡,才能对维修任务的平均完成时间进行计算这一前提,本书以维修任务对各类基本维修单元和共享资源的使用强度为依据,计算出各类单元和共享资源的初始数量,然后根据单元和共享资源初始需求数量统计得出相应的需求总成本初始值。具体的计算方法如下:

$$DC' = \sum_{i=1}^{N^P} \sum_{j=1}^{G_i} \sum_{u=1}^{U} \left[sr_{uij}^P \cdot SN'_u \cdot RC_{ij}^P \cdot (1 - cr_{uij}^P) \right] +$$

$$\sum_{k=1}^{N^E} \sum_{u=1}^{U} \left[sr_{uk}^E \cdot SN'_u \cdot RC_k^E (1 - cr_{uk}^E) \right] +$$

$$\sum_{i=1}^{N^P} \sum_{j=1}^{G_i} (cn'^P_{ij} \cdot RC_{ij}^P) + \sum_{k=1}^{N^E} (cn'^E_k \cdot RC_k^E) \tag{5-12}$$

$$SN'_u = \left\lceil \frac{\sum\limits_{m=1}^{M} \Delta t \cdot \lambda_m \cdot f_{um} \cdot mt_m}{\Delta t} \right\rceil = \left\lceil \sum_{m=1}^{M} \lambda_m \cdot f_{um} \cdot mt_m \right\rceil \qquad (5-13)$$

$$cn'^{P}_{ij} = \left\lceil \frac{\sum\limits_{m=1}^{M} \Delta t \cdot \lambda_m \cdot mr^{P}_{mij} \cdot mt_m}{\Delta t} \right\rceil = \left\lceil \sum_{m=1}^{M} \lambda_m \cdot mr^{P}_{mij} \cdot mt_m \right\rceil \quad (5-14)$$

$$cn'^{E}_{k} = \left\lceil \frac{\sum\limits_{m=1}^{M} \Delta t \cdot \lambda_m \cdot mr^{E}_{k} \cdot mt_m}{\Delta t} \right\rceil = \left\lceil \sum_{m=1}^{M} \lambda_m \cdot mr^{E}_{k} \cdot mt_m \right\rceil \quad (5-15)$$

式中：SN'_u 为第 u 类基本维修单元的初始需求数量；cn'^{P}_{ij} 为第 i 专业第 j 等级维修人员的初始需求数量；cn'^{E}_{k} 为第 k 类维修设备工具的初始需求数量。

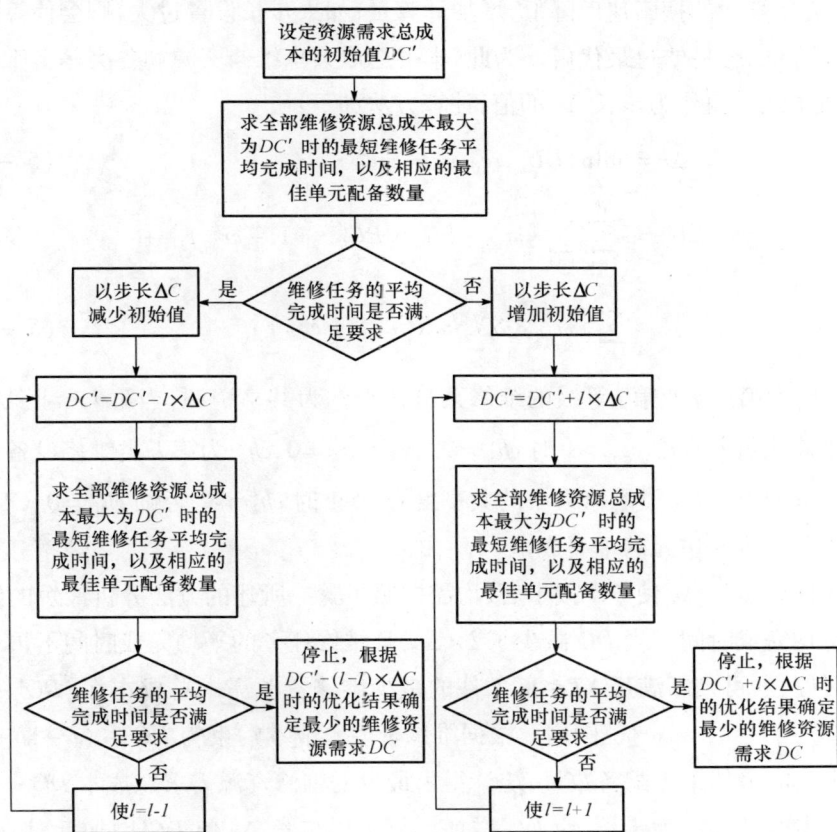

图 5 - 13　以资源成本最少为目标的数量配备问题求解过程

符号"⌈⌉"表示向上取整。

步骤二:求全部维修资源总成本最大为 DC' 时的最短维修任务平均完成时间。将需求总成本初始值 DC' 作为维修资源的全局约束,确定此时使维修任务平均完成时间最短的最优单元配备数量。该问题可采用 5.3 节中所述的方法进行求解,只是在进行样本检验时,其约束条件只有维修资源总成本不能超过 DC' 这一项。

根据 5.3 节中的相关方法求出最短的维修任务平均完成时间 XT 后,判断其是否符合要求,如果 $XT \leqslant W$,则转到步骤三,如果 $XT > W$,则转至步骤四。

步骤三:以 Δc 为步长,使 DC' 减小。

步长 Δc 的设置,对于本书所提出的搜索算法影响较大。如果步长设置过小,则会使算法的搜索速度降低,增加计算量;如果步长设置过大,则会使算法的分辨率降低,容易错过最优解。为此,本书选取共享维修资源和各类基本维修单元中成本最小值作为步长 Δc 的值,计算方法如下:

$$\Delta c = \min\{CU_u, rc_{ij}^P \cdot ch_{ij}^P, rc_k^E \cdot ch_k^E\} \tag{5-16}$$

$$CU_u = \sum_{i=1}^{NP} \sum_{j=1}^{G_i} \left[sr_{uij}^P \cdot SN_u \cdot RC_{ij}^P \cdot (1 - cr_{uij}^P) \right] + \sum_{k=1}^{NE} \left[sr_{uk}^E \cdot SN_u \cdot RC_k^E (1 - cr_{uk}^E) \right] \tag{5-17}$$

式中:ch_{ij}^P 为第 i 专业第 j 等级的维修人员是否作为共享资源,当第 i 专业第 j 等级的维修人员共享度 $cg_{ij}^P > 1$ 时 $ch_{ij}^P = 1$,否则 $ch_{ij}^P = 0$;ch_k^E 为第 k 类维修设备否作为共享资源,当第 k 类维修设备的共享度 $cg_k^E > 1$ 时 $ch_k^E = 1$,否则 $ch_k^E = 0$;CU_u 为第 u 类基本维修单元的单一成本。

每次以步长 Δc 使 DC' 减小后,均需按照步骤二所述的方法分析最短的维修任务平均完成时间。当 DC' 减少了 $l \times \Delta c$,且维修任务的平均完成时间不再满足要求时停止,可判断满足 $XT \leqslant W$ 条件的最少维修资源需求总成本在 $[DC' - l \times \Delta c, DC' - (l-1) \times \Delta c]$ 范围内。根据维修资源总成本约束为 $DC' - (l-1) \times \Delta c$ 时所求出的最佳单元配备数量,统计得出最少的维修资源需求总成本 DC。

步骤四:以 Δc 为步长,使 DC' 增加。每次以步长 Δc 使 DC' 增加后,均需按照步骤二所述的方法分析最短的维修任务平均完成时间。当 DC' 增加了 $l \times \Delta c$,

且维修任务的平均完成时间刚好满足要求时停止,可判断满足 $XT \leqslant W$ 条件的最少维修资源需求总成本在 $[DC' + (l-1) \times \Delta c, DC' + l \times \Delta c]$ 范围内。根据维修资源总成本约束为 $DC' + l \times \Delta c$ 时所求出的最佳单元配备数量,统计得出最少的维修资源需求总成本 DC。

5.4.3　计算示例

下面仍以 5.2 节中所述的基本维修单元分类设计结果为例,对上述方法进行说明。

各类维修任务的总到达速度,各类维修发生概率、持续时间,维修任务的资源需求,基本维修单元的资源构成均与 5.3.3 节中所述相同。各类维修资源成本分别为 $rc_1 = 1$、$rc_2 = 2$、$rc_3 = 1.5$、$rc_4 = 0.8$、$rc_5 = 1$、$rc_6 = 4$、$rc_7 = 1.2$(万元)。

在本例中,设定维修任务的时限要求为 1.8h,即维修任务的平均完成时间应不大于 1.8h。所求即为满足维修任务时限要求的最少维修资源需求总成本,以及相应的各类维修资源和基本维修单元的数量配备情况。

(1)确定维修资源需求总成本的初始值。根据式(5-14)~式(5-16)计算各类基本维修单元和共享维修资源的初始需求数量,其分别为 $SN'_1 = 2$、$SN'_2 = 2$、$SN'_3 = 2$、$cn'_6 = 2$。根据式(5-13)即可确定出维修资源需求总成本的初始值为 31 万元。

(2)以 $C' = 31$ 万元作为维修资源总成本约束,根据上面所述的方法,求得此时的最短维修任务平均完成时间为 123.9258h,显然不能满足要求,需增加成本。

(3)计算迭代步长 Δc。根据式(5-17)、式(5-18)计算得出 $\Delta c = 2.6$。

(4)使资源需求以步长 Δc 增加,并在每次增加后计算最短的维修任务平均完成时间。当迭代 5 次后,即总成本约束为 45 时,最短维修任务平均完成时间为 2.0779h;当迭代 6 次后,即总成本约束为 47.6 时,最短维修任务平均完成时间为 1.7479h,刚好满足要求。

求得此时的基本维修单元和共享资源配备数量分别为 $SN_1 = 3$、$SN_2 = 3$、$SN_3 = 3$、$cr_6 = 3$,对应的总成本为 46.5 万元,即为满足维修时限要求为 1.8h 的最少资源需求总成本。

5.5 本章小结

　　本章首先对基本维修单元数量配备的总体思路进行了分析,而后采用仿真方法对维修排队过程进行了仿真建模,建立了基本维修单元配备数量与维修任务平均完成时间的关系。在此基础上,对任务完成时间最短的数量配备问题进行了研究,设计了嵌套仿真的遗传算法对问题进行求解;对资源成本最少的数量配备问题进行了研究,提出了逐步寻优的启发式求解方法。

第6章 基本维修单元编配实例分析

本章以××防空旅××年的一次演习任务为例,对该旅基本保障群所属导弹维修组的基本维修单元编配方法进行说明,并将基本维修单元编配结果与实际的维修力量设置情况进行对比和分析,验证方法的可行性和有效性。

6.1 作战任务描述

6.1.1 作战任务背景

据分析判断,近期敌可能对我 BB 等重要目标进行空中袭击。根据我掩护目标周围地区的地形、敌机场位置及敌航空兵通常采用的战术手段分析,敌机对我空袭时,东南方向是敌主要攻击方向。预计敌首先使用巡航导弹对我重要目标实施打击;而后敌机采用低空、超低空少量多批次突防;任务中将伴有强烈电子干扰。

作战想定中对敌空袭方式,兵器的型号、数量、高度、速度等进行了设定,并预计了我方的装备受损情况。

6.1.2 作战力量编成及任务划分

防空旅根据本次作战想定,将所属作战力量划分为三个防空群,如图 6-1 所示。结合假想的敌方情况,对我方防空力量进行部署,明确各支防空分队的具体作战任务如图 6-2 所示。各防空群参战装备和具体作战任务目标如表 6-1 所列。

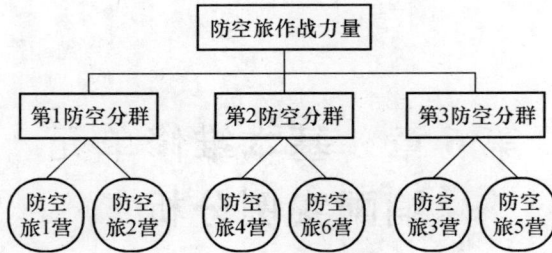

图 6-1　防空旅作战力量编成

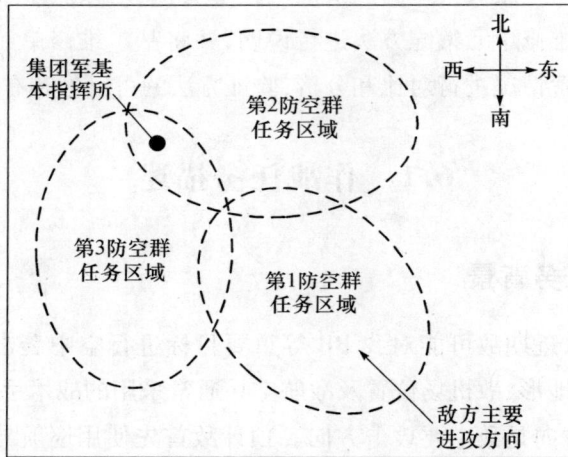

图 6-2　防空旅部署示意图

表 6-1　作战力量构成及任务描述

作战力量构成		参战装备名称及数量	主要任务目标
第1防空分群	防空旅1营	××型导弹系统1套,各类军用车辆8部	拦截敌方东南主攻方向的中低空轰炸机、无人机、直升机及巡航导弹的攻击,掩护集团军基本指挥所的对空安全
	防空旅2营	××型导弹系统1套,各类军用车辆8部	
第2防空分群	防空旅4营	××1型高炮系统3个连套,各类军用车辆40部	拦截敌方正东方向及第1防空分群未能击毁的中低空轰炸机、无人机、直升机及巡航导弹的攻击,掩护集团军基本指挥所的对空安全
	防空旅6营	××2型高炮系统3个连套,各类军用车辆40部	

（续）

作战力量构成		参战装备名称及数量	主要任务目标
第 3 防空分群	防空旅 3 营	××型导弹系统 1 套,各类军用车辆 8 部	拦截敌方正南方向及第 1 防空分群未能击毁的中低空轰炸机、无人机、直升机及巡航导弹的攻击;掩护集团军基本指挥所的对空安全
	防空旅 5 营	××2 型高炮系统 3 个连套,各类军用车辆 40 部	

6.2　防空旅维修保障系统描述

1. 维修力量的部署

为保证防空任务的顺利实施,结合防空旅作战力量编成及部署样式,将建制的维修力量和上级加强的力量进行统一编成,设置 6 个营伴随保障组以及 3 个保障群,并在 3 个保障群下属分别设有专业修理组。防空旅维修保障力量具体的编组情况如图 6 - 3 所示。

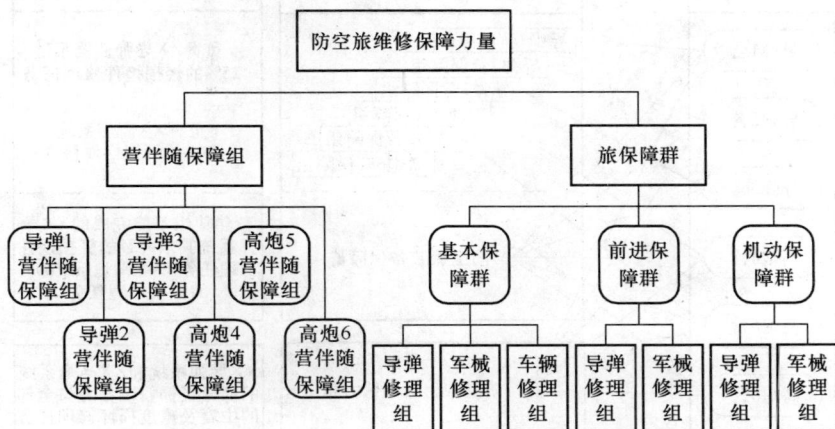

图 6 - 3　防空旅维修保障力量编组

根据作战力量部署地域,结合部署原则等因素,确定各维修力量的部署地域如表 6 - 2 所列。

表 6－2　防空旅维修力量部署地域

维修力量名称	部署地域特点
导弹营伴随保障组	距离发射阵地约 0.4km,隐蔽性较好
高炮营伴随保障组	距离发射阵地约 0.5km,隐蔽性较好
基本保障群	距 1 营约 8km,2 营约 9km,3 营约 7km,4 营约 10km,5 营、6 营 5～6km。距离 No1 雷达站约 30km,No2 雷达站约 18.4km,No3 雷达站约 35km,No4 雷达站约 32km。隐蔽性较好
前进保障群	距 1 营、2 营 5～6km,隐蔽性较好
机动保障群	距 4 营、6 营 5～6km,隐蔽性较好

2. 维修任务区分

防空旅维修力量承担了××导弹武器系统及××高炮武器系统的部分轻损换件修理任务。防空旅在执行本次演习任务过程中,得到了集团军和战区等上级维修力量的支援,各层次力量对防空旅维修任务区分如图 6－4 所示。

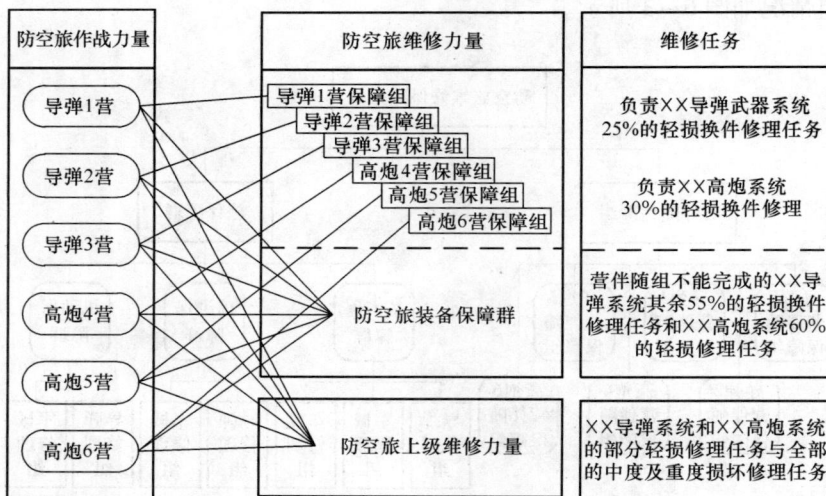

图 6－4　防空旅维修力量的维修任务区分

旅属装备保障群分为 1 个基本保障群、1 个前进保障群和 1 个机动保障群。基本保障群负责导弹武器系统的 A 车、B 车、C 车、D 车等装备的轻损抢修任务,以及防空旅其他武器装备的部分轻损抢修任务。前进保障群前出对伴随保障力量进行支援。机动保障群作为备用力量应付紧急和意外情况的发生,对装备损伤较多的营阵地实施支援保障;接替失去保障能力的伴随保障分队的保障任务;遂行防空旅装备保障指挥所临时赋予的保障任务。

3. 维修保障策略

在作战任务执行过程中,防空旅所属各维修力量的维修工作主要以换件修理为主,而对于需要进行修复性修理的故障装备则直接送至后方的上级维修力量。

各维修力量根据自身部署位置和承担的维修任务,判断所应采取的维修方式:

(1)伴随保障组主要以现场修理为主。伴随保障力量距离作战力量部署地域较近,装备一旦发生故障,在条件允许的情况下,伴随维修力量立即进行修理。由于伴随维修组与装备部署地域距离较近,其来回的机动时间可忽略不计。

(2)机动保障群主要以前出保障为主。机动保障群将所属维修力量划分为不同的机动维修小组,根据战场需要将各个机动保障小组派往所需的地域,对伴随维修力量进行支援。

(3)前进保障群和基本保障群所采取的维修保障方式主要是后方定点修理。当有需要前进保障群和基本保障群修理的故障装备产生后,将故障装备送至前进保障群或基本保障群所在地点进行修理。

本书主要对基本保障群所属导弹修理组的基本维修单元编配进行分析,从而对本书所提的方法进行验证。下面所提的维修任务及维修资源配备情况均为基本保障群导弹修理组的维修任务及资源配备情况。

6.3　基本保障群导弹修理组的基本维修单元编配问题

1. 基本维修单元编配问题的约束条件

1)维修任务描述

目前,××导弹系统实行两级保障体制,旅级修理力量主要承担该导弹系统的简单换件修理任务。根据维修力量及其职责的划分,将平时由工程师、技师及营属修理人员完成的,需借助专业检测设备才能确定故障部位的维修任务交由基本群导弹修理组完成,可统计得出基本保障群导弹修理组共承担了74类维修任务;结合装备故障的预计,可以得出维修任务总的产生速度为 10 个/h。各类维修任务所对应的故障装备、故障部位、修理方法,以及发生概率、持续时间等如附表4所列,各类维修任务的维修资源需求如附表5所列。根据作战要求,结合维修保障系统各项因素,要求各项维修任务的平均完成时间应不大于40min。

2)维修资源配属情况描述

××导弹武器系统的维修需雷达工程、光电工程、机械工程、电子工程、计算机工程和导弹工程共6个专业的维修人员,各专业技术等级的划分如表6-3所列。根据人员技术等级的不同,确定各专业中相应等级的维修人员成本如下:工程师成本为40万元、助理工程师成本为20万元、技师的成本为15万元、修理工的成本为8万元。由于演习过程中装备使用强度大,对维修人员使用强度高,要求各类维修人员的平均有效占用率不低于0.8。

表6-3　基本保障群导弹修理组维修人员等级划分情况

人员专业	雷达工程			光电工程		机械工程		电子工程			计算机工程			导弹工程		
技术等级	助工	技师	修理工	工程师	技师	技师	修理工	助工	技师	修理工	助工	技师	修理工	工程师	技师	修理工

此次演习过程中,基本保障群导弹修理组对该型号导弹武器系统的维修主要以简单的换件修理为主,所配备的维修设备大部分为扳手、改锥、起子等简单工具,根据所配备设备的成本,在对维修设备进行分析时,只考虑成本相对较高的设备。在全部的维修设备中,去除扳手、改锥、万用表、电烙铁等成本较低的维修工具后,基本保障群导弹修理组所配备的维修设备共有10种,分别为灯罩摘除器、灯摘除装置、灯安装工具、示波器、热吹风、×型工具箱、综合检测仪、静态检测仪、主板检测仪和液压专用工具,每类维修设备的成本如表6-4所列。

表6-4 基本保障群导弹修理组维修设备成本

设备类型	灯罩摘除器	灯摘除装置	灯安装工具	示波器	热吹风	×型工具箱	综合检测仪	静态检测仪	主板检测仪	液压专用工具
成本/万元	0.1	0.1	0.1	2	0.1	1	15	18	16	5

2. 基本维修单元编配问题描述

本例中的基本维修单元编配问题,即在上述的维修任务和维修资源约束条件下,求使得维修资源需求总成本最少的基本维修单元编配问题。

6.4 基本维修单元分类设计

根据各维修资源的实际使用情况可知,灯罩摘除器、灯摘除装置、灯安装工具在使用过程中必须配合使用,因此可将这三种维修设备"捆绑"视为一种资源,这里称其为灯拆装工具。下面结合第4章所述的方法对基本保障群导弹修理组进行基本维修单元分类设计。

6.4.1 基本维修单元类别设计

1. 维修任务的维修资源需求相似系数计算

1) 维修任务的维修人员需求相似系数计算

根据维修任务对维修人员专业的需要,可以得出各类维修任务相互间维修人员专业种类需求的相似系数矩阵 S^{P_n}:

$$S^{P_n} = \begin{pmatrix} 1 & 1 & \cdots & 0 & 0 & \cdots & 1 & 1 \\ 1 & 1 & \cdots & 0 & 0 & \cdots & 1 & 1 \\ \vdots & \vdots & \ddots & \vdots & \vdots & \ddots & \vdots & \vdots \\ 0 & 0 & \cdots & 1 & 1 & \cdots & 0 & 0 \\ 0 & 0 & \cdots & 1 & 1 & \cdots & 0 & 0 \\ \vdots & \vdots & \ddots & \vdots & \vdots & \ddots & \vdots & \vdots \\ 1 & 1 & \cdots & 0 & 0 & \cdots & 1 & 1 \\ 1 & 1 & \cdots & 0 & 0 & \cdots & 1 & 1 \end{pmatrix}$$

由于各维修专业所设置的维修人员等级不同,结合具体情况,并咨询相关专家,确定各专业不同等级的维修人员的重要度如表6-5所列。计算得出维修任务相互间在维修人员等级和数量上的相似系数矩阵 S^{P_s}：

表 6-5　不同等级维修人员重要度

人员专业	雷达工程			光电工程		机械工程		电子工程			计算机工程			导弹工程		
技术等级	助工	技师	修理工	工程师	技师	技师	修理工	助工	技师	修理工	助工	技师	修理工	工程师	技师	修理工
权重	0.5	0.3	0.2	0.65	0.35	0.75	0.25	0.5	0.3	0.2	0.5	0.3	0.2	0.6	0.25	0.15

$$S^{P_s} = \begin{pmatrix} 1 & 0.9087 & \cdots & 0 & 0 & \cdots & 0.8821 & 0.8821 \\ 0.9087 & 1 & \cdots & 0 & 0 & \cdots & 0.8509 & 0.8509 \\ \vdots & \vdots & \ddots & \vdots & \vdots & \ddots & \vdots & \vdots \\ 0 & 0 & \cdots & 1 & 1 & \cdots & 0 & 0 \\ 0 & 0 & \cdots & 1 & 1 & \cdots & 0 & 0 \\ \vdots & \vdots & \ddots & \vdots & \vdots & \ddots & \vdots & \vdots \\ 0.8821 & 0.8509 & \cdots & 0 & 0 & \cdots & 1 & 1 \\ 0.8821 & 0.8509 & \cdots & 0 & 0 & \cdots & 1 & 1 \end{pmatrix}$$

根据维修任务相互间维修人员专业种类需求的相似系数和人员等级、数量上的相似系数，可以得出维修任务的维修人员需求相似系数矩阵 S^P：

$$S^P = \begin{pmatrix} 1 & 0.9087 & \cdots & 0 & 0 & \cdots & 0.8821 & 0.8821 \\ 0.9087 & 1 & \cdots & 0 & 0 & \cdots & 0.8509 & 0.8509 \\ \vdots & \vdots & \ddots & \vdots & \vdots & \ddots & \vdots & \vdots \\ 0 & 0 & \cdots & 1 & 1 & \cdots & 0 & 0 \\ 0 & 0 & \cdots & 1 & 1 & \cdots & 0 & 0 \\ \vdots & \vdots & \ddots & \vdots & \vdots & \ddots & \vdots & \vdots \\ 0.8821 & 0.8509 & \cdots & 0 & 0 & \cdots & 1 & 1 \\ 0.8821 & 0.8509 & \cdots & 0 & 0 & \cdots & 1 & 1 \end{pmatrix}$$

2）维修任务的维修设备需求相似系数的计算

根据维修任务对维修设备的需要，可以得出各类维修任务相互间维修设备种类需求的相似系数矩阵 S^{E_n}：

$$S^{E_n} = \begin{pmatrix} 1 & 0 & \cdots & 0 & 0 & \cdots & 0 & 0 \\ 0 & 1 & \cdots & 0 & 0 & \cdots & 0 & 0 \\ \vdots & \vdots & \ddots & \vdots & \vdots & \ddots & \vdots & \vdots \\ 0 & 0 & \cdots & 1 & 1 & \cdots & 1 & 1 \\ 0 & 0 & \cdots & 1 & 1 & \cdots & 1 & 1 \\ \vdots & \vdots & \ddots & \vdots & \vdots & \ddots & \vdots & \vdots \\ 0 & 0 & & 1 & 1 & & 1 & 1 \\ 0 & 0 & & 1 & 1 & & 1 & 1 \end{pmatrix}$$

根据维修任务对维修设备的需要,结合各类维修设备的成本,计算得出维修任务间维修设备需求数量的相似系数矩阵 S^{E_s}:

$$S^{E_s} = \begin{pmatrix} 1 & 0 & \cdots & 0 & 0 & \cdots & 0 & 0 \\ 0 & 1 & \cdots & 0 & 0 & \cdots & 0 & 0 \\ \vdots & \vdots & \ddots & \vdots & \vdots & \ddots & \vdots & \vdots \\ 0 & 0 & \cdots & 1 & 1 & \cdots & 1 & 1 \\ 0 & 0 & \cdots & 1 & 1 & \cdots & 1 & 1 \\ \vdots & \vdots & \ddots & \vdots & \vdots & \ddots & \vdots & \vdots \\ 0 & 0 & \cdots & 1 & 1 & \cdots & 1 & 1 \\ 0 & 0 & \cdots & 1 & 1 & \cdots & 1 & 1 \end{pmatrix}$$

最终得出维修任务相互间的维修设备需求的相似系数矩阵 S^E:

$$S^E = \begin{pmatrix} 1 & 0 & \cdots & 0 & 0 & \cdots & 0 & 0 \\ 0 & 1 & \cdots & 0 & 0 & \cdots & 0 & 0 \\ \vdots & \vdots & \ddots & \vdots & \vdots & \ddots & \vdots & \vdots \\ 0 & 0 & \cdots & 1 & 1 & \cdots & 1 & 1 \\ 0 & 0 & \cdots & 1 & 1 & \cdots & 1 & 1 \\ \vdots & \vdots & \ddots & \vdots & \vdots & \ddots & \vdots & \vdots \\ 0 & 0 & \cdots & 1 & 1 & \cdots & 1 & 1 \\ 0 & 0 & \cdots & 1 & 1 & \cdots & 1 & 1 \end{pmatrix}$$

3）维修任务相互间总相似系数矩阵 S 的计算

结合实际维修过程中,维修人员和维修设备对维修任务执行过程的影响程度,综合各种因素及专家意见,确定维修人员和维修设备的权重系数分别为0.65和0.35,从而得出任务相互间在维修资源需求上的相似系数矩阵 S：

$$S = \begin{pmatrix} 1 & 0.5907 & \cdots & 0 & 0 & \cdots & 0.5734 & 0.5734 \\ 0.5907 & 1 & \cdots & 0 & 0 & \cdots & 0.5531 & 0.5531 \\ \vdots & \vdots & \ddots & \vdots & \vdots & \ddots & \vdots & \vdots \\ 0 & 0 & \cdots & 1 & 1 & \cdots & 0.35 & 0.35 \\ 0 & 0 & \cdots & 1 & 1 & \cdots & 0.35 & 0.35 \\ \vdots & \vdots & \ddots & \vdots & \vdots & \ddots & \vdots & \vdots \\ 0.5734 & 0.5531 & \cdots & 0.35 & 0.35 & \cdots & 1 & 1 \\ 0.5734 & 0.5531 & \cdots & 0.35 & 0.35 & \cdots & 1 & 1 \end{pmatrix}$$

2. 维修任务分组

根据维修任务间的相似系数矩阵 S,对维修任务进行分组,形成如表 6-6 所列的维修任务分组结果。

表 6-6   基本保障群导弹修理组维修任务分组结果

维修任务集合编号	包含的维修任务类型编号	维修任务集合编号	包含的维修任务类型编号
A	1、2、3、4、5、6、9、10、11、12、66、68、70、71、72、73、74	B	7、8、13、14、15、31、32、33、34、35、36、63、64、65
C	16、27、28、30、37、38、39、40、41	D	17、18、19、20、21、22、23、24、25、26
E	29、43、44、67、69	F	42、45、46、47、48、49、50、51、52、53、54、55、56、57、58、59、60、61、62

3. 基本维修单元资源构成的确定

根据维修任务的分组结果,设立与维修任务子集对应的 6 类基本维修单元,每类基本维修单元的功能与维修任务分组结果相对应。根据各类基本维修单元应完成的维修任务及其资源需求,确定出这 6 类基本维修单元的维修资源构成,如表 6-7、表 6-8 所列。

表 6-7　基本保障群导弹修理组基本维修单元的维修人员构成

单元类型	维修人员类型															
	雷达工程助工	雷达工程技师	雷达工程修理工	光电工程工程师	光电工程技师	机械工程技师	机械工程修理工	电子工程助工	电子工程技师	电子工程修理工	计算机工程助工	计算机工程技师	计算机工程修理工	导弹工程工程师	导弹工程技师	导弹工程修理工
A	1	1	1													
B						1	1									
C								1	1	1						
D											1	1	1			
E				1	1											
F														1	1	1

表 6-8　基本保障群导弹修理组基本维修单元的维修设备构成

单元类型	维修设备类型									
	灯罩摘除器	灯摘除装置	灯安装工具	示波器	热吹风	×型工具箱	综合检测仪	静态检测仪	主板检测仪	液压专用工具
A	1	1	1					1		
B							1			1
C						1	1	1		
D				1						
E									1	
F	1	1	1				1		1	

6.4.2　共享维修资源的类别确定

由基本维修单元的维修设备构成可知,维修设备中只有灯拆装工具(灯罩摘除器、灯摘除装置、灯安装工具)、综合检测仪、静态检测仪、主板检测仪的共享度大于1,只有这些资源有可能成为共享维修资源。在拟共享维修资源的分析中,只对这四种资源进行分析即可。

1. 维修资源的无效占用工时计算

$$UE_{灯} = 2.4125, UE_{综} = 1.0405, UE_{静} = 1.7475, UE_{主} = 2.786$$

2. 维修资源的重要度计算

这五种维修资源的使用强度分别为

$$UI'_{灯} = 0.429, UI'_{综} = 0.3248, UI'_{静} = 1.3408, UI'_{主} = 0.373$$

结合维修资源的成本,可以得出维修资源的重要度:

$$I_{灯} = 0.0053, I_{综} = 0.2019, I_{静} = 1, I_{主} = 0.2473$$

3. 维修资源的闲置系数计算

$$IU_{灯} = 0.0129, IU_{综} = 0.2101, IU_{静} = 1.7475, IU_{主} = 0.6889$$

综合考虑后,确定将闲置系数大于 0.2 的维修资源作为共享维修资源。由此确定:综合检测仪为基本维修单元 B、C 的共享资源,静态检测仪作为基本维修单元 A、C、D、F 的共享资源,主板检测仪作为基本维修单元 A、E、F 的共享资源。

6.4.3 基本维修单元分类设计结果的评估及调整

根据上述设计结果,计算得出各类维修人员的有效占用率分别为

$EN^P_{雷助} = 0.3089, EN^P_{雷技} = 0.8158, EN^P_{雷修} = 1, EN^P_{光工} = 0.5228, EN^P_{光技} = 1, EN^P_{机技} = 0.8333, EN^P_{机修} = 1, EN^P_{电助} = 0.7246, EN^P_{电技} = 0.6506, EN^P_{电修} = 1, EN^P_{计助} = 0.4561, EN^P_{计技} = 0.6491, EN^P_{计修} = 1, EN^P_{导工} = 0.5545, EN^P_{导技} = 0.6019, EN^P_{导修} = 1$

由此得出各类维修人员的平均有效占用率 $EN^P = 0.7716$,不能满足 0.8 的要求,需要对基本维修单元分类设计结果进行调整。根据第 4 章中的方法,本例中确定对雷达助理工程师进行调整,调整后的维修人员平均有效占用率 $EN^P = 0.8123$,满足要求。此时,基本维修单元的功能如表 6-9 所列,人员构成如表 6-10所列,维修设备构成如表 6-11 所列。

表 6-9 基本保障群导弹修理组基本维修单元功能

单元类型	能完成的维修任务编号	单元类型	能完成的维修任务编号
A1	1、2、3、4、5、6、9、10、11、12、68、70、72、	A2	66、71、73、74
B	7、8、13、14、15、31、32、33、34、35、36、63、64、65	C	16、27、28、30、37、38、39、40、41
D	17、18、19、20、21、22、23、24、25、26	E	29、43、44、67、69
F	42、45、46、47、48、49、50、51、52、53、54、55、56、57、58、59、60、61、62		

表6-10 基本保障群导弹修理组基本维修单元的维修保障人员构成

单元类型	雷达工程助工	雷达工程技师	雷达工程修理工	光电工程工程师	光电工程技师	机械工程技师	机械工程修理工	电子工程助工	电子工程技师	电子工程修理工	计算机工程助工	计算机工程技师	计算机工程修理工	导弹工程工程师	导弹工程技师	导弹工程修理工
A1		1	1													
A2	1	1	1													
B						1	1									
C								1	1	1						
D											1	1	1			
E				1	1											
F														1	1	1

表6-11 基本保障群导弹修理组基本维修单元的维修设备构成

单元类型	灯罩摘除器	灯拆除器	灯安装工具	示波器	热吹风	×型工具箱	综合检测仪	静态检测仪	主板检测仪	液压专用工具
A1	1	1	1					1		
A2								1	1	
B							1			1
C						1	1	1		
D				1				1		
E									1	
F	1	1	1		1			1	1	

根据上述基本维修单元的维修人员构成可知,A1、A2类基本维修单元同为雷达专业修理单元,雷达工程助工则为雷达专业修理单元的内部共享资源;综合检测仪、静态检测仪、主板检测仪为共享资源,供所需的基本维修单元共同使用。

6.5 基本维修单元的数量配备

下面结合第 5 章中所述的方法对基本维修单元的数量配备进行求解：

（1）维修资源需求总成本初始值的设定。根据式（5 – 13）～式（5 – 15）计算各类基本维修单元和共享维修资源的初始需求数量其分别为 $SN'_{A1} = 3$，$SN'_{A2} = 1$，$SN'_{B} = 2$，$SN'_{C} = 1$，$SN'_{D} = 1$，$SN'_{E} = 1$，$SN'_{F} = 1$，$cn'_{综} = 1$，$cn'_{静} = 2$，$cn'_{主} = 1$。根据式（5 – 12）即可得出维修资源需求总成本的初始值为 419.8 万元。

（2）建立仿真模型，分析维修任务平均完成时间。根据基本维修单元和共享资源的分类设计情况，可建立如图 6 – 5 ～图 6 – 11 所示的维修排队仿真模型。

将仿真时间设为 10000h，运行 10 次，可得出各类基本维修单元数量为初始数量时的维修任务平均完成时间为 39.4772h，显然不能满足要求，此时则需增加维修资源。

（3）计算迭代步长 Δc。根据式（5 – 16）、式（5 – 17）计算得出 $\Delta c = 15$。

（4）采用遗传算法计算维修资源需求总成本增加 Δc 后的最短维修任务平均完成时间。本例中遗传算法设置如下：

① 编码表示：在本例中，共有 6 类基本维修单元和 4 类共享资源，因此采用长度为 80 的二进制串表示一组数量配置方案；

② 初始种群建立：将初始种群数量设置为 80；

③ 遗传运算：本例中选择和交叉的方法均如第 4 章中所述，变异的概率则设定为 0.005；

④ 终止条件：本例中将遗传代数设定为 500、目标收敛度设定为 99%。当遗传算法满足这两个条件其中之一时结束。

（5）按照上述方法进行计算，当维修资源需求总成本约束为 465.8 时，得出最短的维修任务平均完成时间为 0.6105h，即 36.63min，满足不大于 40min 的要求。此时的基本维修单元和共享资源配备数量如表 6 – 12 所列，最终的维修资源需求总成本为 463.1 万元。

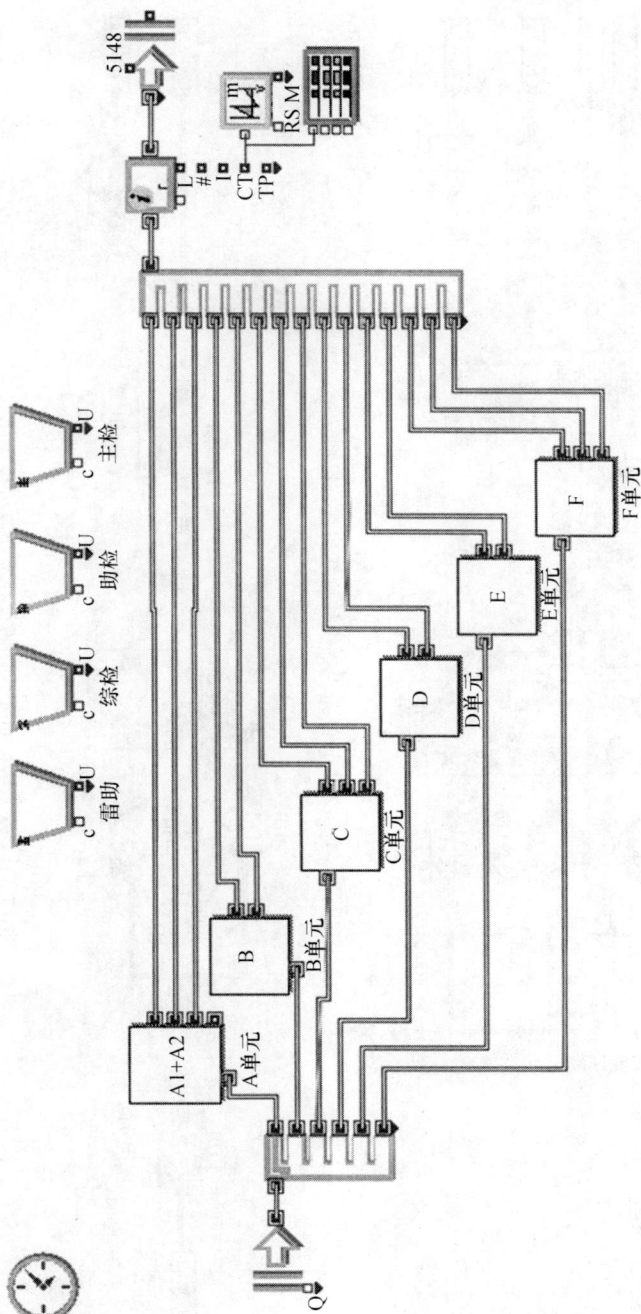

图6-5　基本保障群导弹修理组维修排队仿真总体模型

(注：雷助为雷达助理工程师，综检为综合检测仪，助检为静态检测仪，主检为主板检测仪)

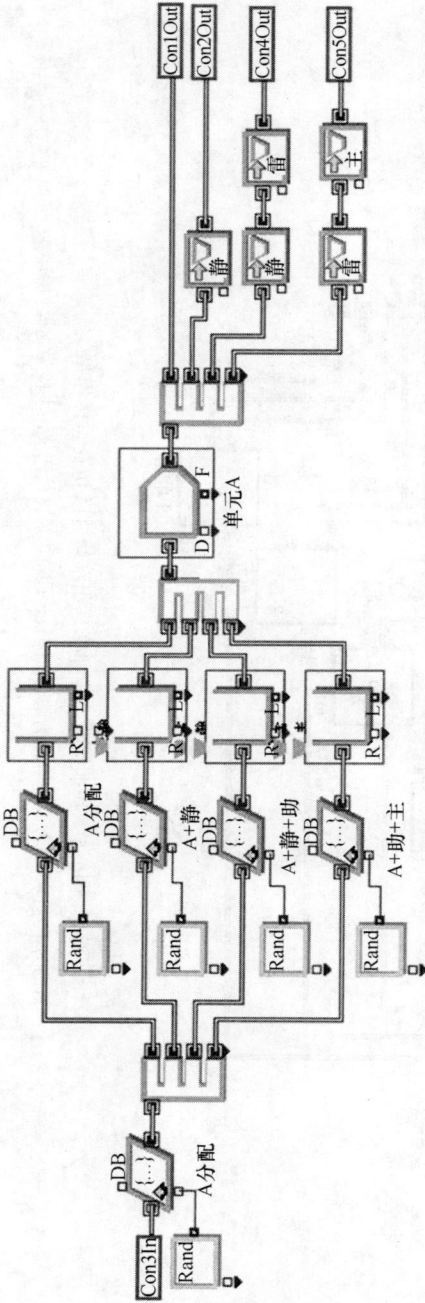

图6-6 A类基本维修单元内部维修排队仿真分模型

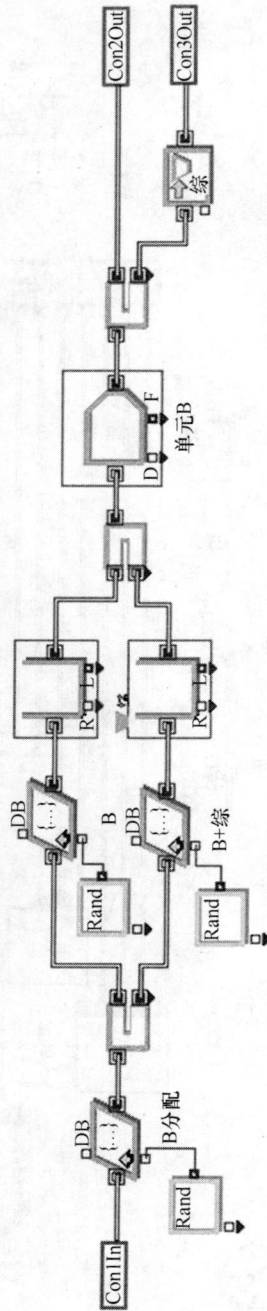

图6-7 B类基本维修单元内部维修排队仿真分模型

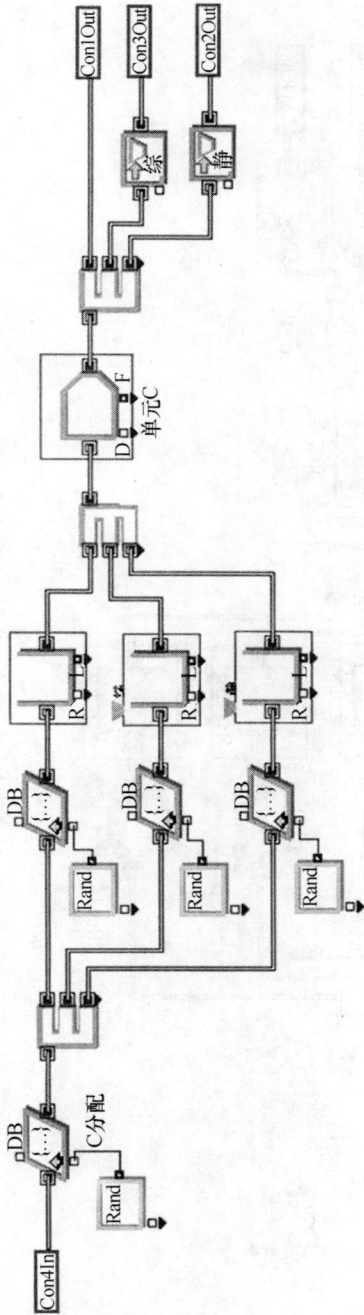

图6-8　C类基本维修单元内部维修排队仿真分模型

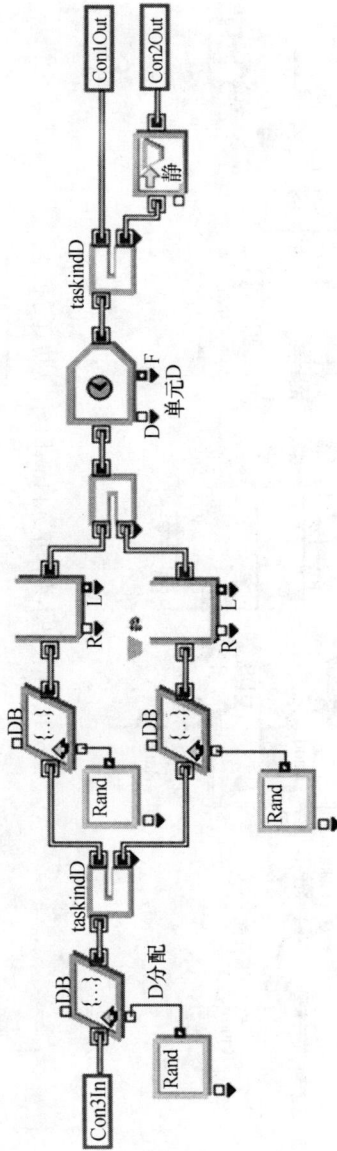

图6-9　D类基本维修单元内部维修排队仿真分模型

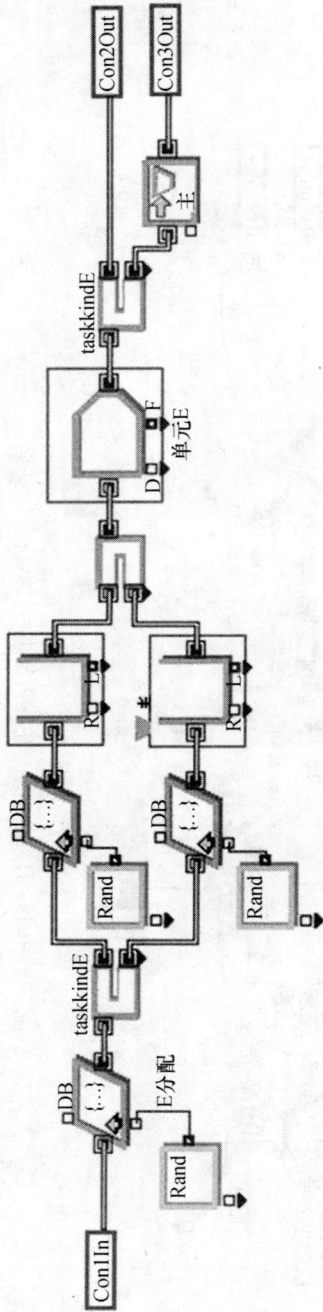

图6-10 E类基本维修单元内部维修排队仿真分模型

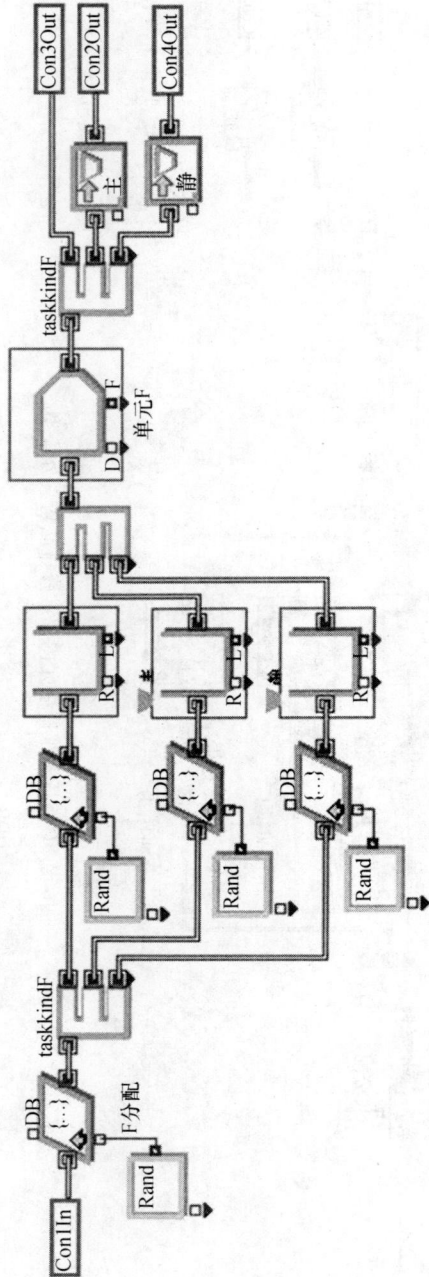

图6-11 F类基本维修单元内部维修排队仿真分模型

表 6 – 12 基本维修单元和共享资源配备数量

	基本维修单元类型							共享资源类型		
	A1	A2	B	C	D	E	F	综合检测仪	静态检测仪	主板检测仪
配备数量	4	2	2	1	1	1	1	1	2	1

根据基本维修单元和共享资源分类设计结果和数量配备结果可以得出防空旅基本群导弹修理组的维修人员及维修设备的需求分别如表 6 – 13、表 6 – 14 所列。

表 6 – 13 基本群导弹修理组维修人员需求

单元类型	维修人员类型														
	雷达工程助工	雷达工程技师	雷达工程修理工	光电工程工程师	光电工程技师	机械工程修理工	机械工程修理工	电子工程助工	电子工程技师	电子工程修理工	计算机工程助工	计算机工程技师	计算机工程修理工	导弹工程工程师	导弹工程技师	导弹工程修理工
需求数量	2	4	4	1	1	2	2	1	1	1	1	1	1	1	1

表 6 – 14 基本群导弹修理组维修设备需求

单元类型	维修设备类型									
	灯罩摘除器	灯拆除器	灯安装工具	示波器	热吹风	×型工具箱	综合检测仪	静态检测仪	主板检测仪	液压专用工具
需求数量	5	5	5	1	1	1	1	2	1	2

6.6 基本维修单元编配结果分析

按照装备保障方案,该次演习过程中,防空旅基本保障群导弹修理组设有上装修理单元、下装修理单元和导弹修理单元三类基本维修单元。该基本维修单元编配方案主要是以装备类型及其结构为依据而制定,基本维修单元划分"较粗",不利于对维修资源进行"精确"调度;同时,该编配方案中并未对所需共享的维修资源进行说明,这就有可能造成关键维修资源的闲置或被无效占用,延长维修任务的完成时间。

在本例中,由于维修人员所占权重较大,专业划分明确,没有跨专业进行指导的高等级维修人员,因此按照本书所述方法得出的基本维修单元设置情况与按人员专业划分的基本维修单元类型基本一致。根据维修人员平均有效占用率的要求,将原有的 A 类基本维修单元调整为 A1、A2 两类基本维修单元,即将雷达助理工程师作为雷达工程基本维修单元的共享资源,由此可提高雷达助理工程师的使用效率,降低其需求数量,这也充分证明了本方法对各种实际情况的适用性;同时,得出的基本维修单元编配结果明确了共享维修资源,有利于维修资源的高效实用。[140-145]

按照本书所述方法得出的基本维修单元编配结果,基本维修单元规模较小,便于对维修资源进行精确的指挥调度,从而提高维修资源的使用效率,降低维修资源需求,提高维修任务的完成能力。基本群导弹修理组由平时建制的修理营导弹排和上级加强的维修人员共同编成。修理营导弹排平时建制为 21 人,上级加强人员通常不超过 10 人。本例中所得出的维修人员总数为 25 人,在可接受的范围内。这也证明了本方法的适用性。

6.7 本 章 小 结

本章对前述的基本维修单元编配方法进行了实例验证,将基本维修单元编配结果与实际情况进行了对比,证明了本方法的可行性和有效性,能够满足维修力量的单元化编配要求。

附　录

附表 1　某型高炮维修任务的维修人员需求及其发生概率

编号	维修任务类型	维修人员类型								发生概率	持续时间/h
		炮助	炮工	雷助	雷工	底助	底工	火助	火工		
1	模拟目标性能检修			1	2					0.017	0.5
2	滤波器输出检修			1	2					0.02	0.5
3	显示器电源检修			1	1					0.01	0.5
4	天线转速检查与调整				2					0.022	0.167
5	接收机噪声检修				1					0.023	0.333
6	雷达测角功能检修			1	1					0.02	1
7	终端自检			1	1					0.024	0.333
8	雷达方位校准			1	1					0.024	0.5
9	发功机工作性能检修			1						0.02	0.5
10	微动开关组检修			1	1					0.02	0.5
11	激光测距机检修							1	2	0.016	0.5
12	红外热像仪检修							1	2	0.015	1
13	电视跟踪器检修							1	2	0.016	1.5
14	火控系统动态模拟精度检修							1	2	0.025	3.5
15	方位垂直基准仪检修							1	1	0.02	0.5
16	三光合一跟踪镜检修							1	1	0.02	0.5
17	随动系统功能检修							1		0.02	1
18	电磁定位检修			1	1					0.02	0.167
19	天线、馈线检修			1	1					0.021	0.333
20	火控机械活动部位维护				2					0.017	2
21	机箱减震器检修				2					0.019	1.75
22	发射、接收馈线检修			1	1					0.023	2.2

（续）

编号	维修任务类型	维修人员类型								发生概率	持续时间/h
		炮助	炮工	雷助	雷工	底助	底工	火助	火工		
23	火控各电机维护								2	0.02	2
24	火控电缆、插座、插头检修							1	2	0.025	4
25	火控开关、旋钮、指示灯检修								2	0.02	2
26	方向机维护		2							0.022	0.5
27	高低机维护		2							0.02	0.5
28	平衡机检修	1	4							0.019	0.5
29	自动机检修	1	4							0.02	1.5
30	多功能复进机维护		4							0.014	2
31	发电机维护		4							0.023	2.5
32	浮动机机械部分维护		4							0.014	1
33	首发开闩装置检修	1	2							0.016	0.5
34	供弹装置检修	1	2							0.018	1.5
35	概略瞄准具检修	1	2							0.02	0.5
36	后支座检修	1	4							0.02	0.5
37	象限仪检查座维护		2							0.02	0.5
38	高低机械限位缓冲胶皮检修	1	4							0.017	0.5
39	身管支座检修	1	2							0.02	1
40	烟雾弹发射器检修	1	2							0.01	0.5
41	炮塔、吊篮、弹箱检修	1	4							0.021	2
42	四轮维护						4			0.02	2
43	主动轮维护						2			0.025	0.5
44	侧减速器维护						4			0.026	1
45	保养发动机					1	4			0.02	4
46	变速箱维护						3			0.02	3.5
47	底盘电气维护					1	2			0.023	1.1
48	底盘悬挂系统维护						2			0.02	1
49	油箱泵维护					1	1			0.028	3
50	底盘各系管路部件维护						2			0.027	0.5

注:炮助:火炮助理工程师,炮工:火炮修理工,雷助:雷达助理工程师,雷工:雷达修理工,底助:底盘助理工程师,底工:底盘修理工,火助:火控助理工程师,火工:火控修理工

附表 2　维修设备编号

编号	维修设备类型	成本/万元	编号	维修设备类型	成本/万元
A	身管支座	0.05	B	吊具	10
C	自动机支架	0.1	D	平衡机分解结合专用工具	0.1
E	钢丝钳	0.02	F	炮塔支座	0.2
G	发动机支承座	0.1	H	变速箱支座	0.02
I	氮气瓶	0.08	J	气泵	0.2
K	万用表	0.01	L	激光测距机检测仪	0.5
M	常用电器维修工具	0.3	N	电视跟踪器检测仪	0.4
O	数字兆欧表	0.01	P	真空管电压表	0.1
Q	跟踪速度环检测仪	0.5	R	随动系统检测仪	0.6
S	火控维修工具箱	1	T	峰值功率机	0.4
U	衰减器	2			

附表 3　某型高炮维修任务的维修设备需求

维修任务编号	A	B	C	D	E	F	G	H	I	J	K	L	M	N	O	P	Q	R	S	T	U
1																					
2																					
3																					
4																					
5																					
6																					
7																					
8																					
9																					
10																					
11											1	1									
12									1			1									
13											1	1									
14											1	1			1						
15											1	1		1	1						

（续）

维修任务编号	维修设备类型编号																				
	A	B	C	D	E	F	G	H	I	J	K	L	M	N	O	P	Q	R	S	T	U
16																			1	1		
17																						
18																						
19																						
20																						
21																						
22														1							1	1
23																						
24																						
25																						
26	1	1				1																
27	1	1				1																
28	1	1		1	1	1																
29		1	1			1																
30			1			1																
31			1			1																
32			1			1																
33			1			1		1														
34			1			1																
35			1			1																
36						1																
37						1																
38						1																
39						1																
40						1																
41						1																
42																						
43																						
44																						
45		1					1		1													
46		1						1														
47											1											
48																						
49																						
50																						

附表 4　基本保障群导弹修理组维修任务类型

编号	故障装备	故障部位	维修方法	维修级别	发生概率	任务持续时间/h
1	A 车	显示系统旋转开关	更换	基层级	0.012	0.2500
2		显示系统操作杆组件	更换	基层级	0.012	0.2500
3		显示系统按键开关	更换	基层级	0.012	0.5000
4		显示系统旋转开关	更换	基层级	0.012	0.5000
5		显示系统指示灯（EAO 发光二极管）	更换	基层级	0.012	0.2500
6		天馈系统馈源	更换	基层级	0.06	1.0000
7		伺服系统搭扣锁	更换	基层级	0.03	0.1667
8		A 车通风软管	更换	基层级	0.03	0.3333
9		发射机系统指示灯（EAO 发光二极管）	更换	基层级	0.03	0.2500
10		信号处理系统指示灯（EAO 发光二极管）	更换	基层级	0.03	0.2500
11		光电跟踪系统指示灯（EAO 发光二极管）	更换	基层级	0.03	0.2500
12		指示系统指示灯（EAO 发光二极管）	更换	基层级	0.03	0.2500
13	B 车	B 车信息处理机柜螺杆	更换	基层级	0.024	0.5000
14		B 车雷达机柜螺杆	更换	基层级	0.024	0.5000
15		B 车橡胶密封带	更换	基层级	0.024	0.2500
16		工作方舱×报警器	更换	基层级	0.02	0.1667
17	C 车	××高频机柜模拟控制组合灯泡	更换	基层级	0.0014	0.5000
18		××高频机柜模拟控制组合熔断丝	更换	基层级	0.0007	0.5000
19		××高频机柜模拟控制组合	更换	基层级	0.0014	0.5000
20		××高频机柜 Ku 目标导弹模拟器	更换	基层级	0.0014	0.5000
21		××高频机柜 Ku 目标导弹模拟器导弹板	更换	基层级	0.0014	0.3333
22		××高频机柜姿态控制组合开关	更换	基层级	0.0014	0.3333
23		××高频机柜姿态控制组合指示灯	更换	基层级	0.0007	0.6667
24		××高频机柜模拟控制组合指示灯	更换	基层级	0.0014	0.6667

（续）

编号	故障装备	故障部位	维修方法	维修级别	发生概率	任务持续时间/h
25		××高频机柜电源组合Ⅰ指示灯	更换	基层级	0.0014	0.6667
26		××高频机柜电源组合Ⅱ指示灯	更换	基层级	0.0014	0.6667
27		××高频机柜Ku目标导弹模拟器转发板	更换	基层级	0.0014	0.3333
28		校准装置方位/俯仰电机	更换	基层级	0.0056	1.5000
29		校准装置摄像装置	更换	基层级	0.0042	1.0000
30		校准装置转接盒	更换	基层级	0.0042	0.3333
31		C车缸体散热片	更换	基层级	0.007	0.1667
32		C车限位开关	更换	基层级	0.007	0.5000
33	C车	C车倾角传感器	更换	基层级	0.007	0.5833
34		C车软管	更换	基层级	0.007	2.0000
35		C车接近开关	更换	基层级	0.0035	0.5000
36		C车支腿护套	更换	基层级	0.0035	0.6667
37		××遥控盒检波头	更换	基层级	0.0014	1.0000
38		××遥控盒放大版	更换	基层级	0.0014	1.0000
39		××遥控盒接近开关	更换	基层级	0.0014	0.5000
40		××遥控盒按钮	更换	基层级	0.0014	0.3333
41		××遥控盒指示灯	更换	基层级	0.0014	0.3333
42		××系统云台控制器	更换	基层级	0.009	0.5000
43		××液晶监视器	更换	基层级	0.0072	0.5000
44		××通话器	更换	基层级	0.0072	0.1667
45	D车	××前面板指示灯	更换	基层级	0.009	0.1667
46		××火工品测试仪数字三用表	更换	基层级	0.0036	0.1667
47		××主控计算机1394总线接口卡	更换	基层级	0.0072	0.1667
48		××测控机箱数字多用表	更换	基层级	0.0072	0.1667

（续）

编号	故障装备	故障部位	维修方法	维修级别	发生概率	任务持续时间/h
49	D车	××直流电源指示灯	更换	基层级	0.0108	0.1667
50		××陀螺电源指示灯	更换	基层级	0.0108	0.1667
51		××组合电源指示灯	更换	基层级	0.0054	0.1667
52		××模拟器电源指示灯	更换	基层级	0.009	0.1667
53		××功能组合电源指示灯	更换	基层级	0.0126	0.1667
54		××综合适配组合电源指示灯	更换	基层级	0.0108	0.1667
55		××信号发生模拟器	更换	基层级	0.0054	0.1667
56		××引信测控模件	更换	基层级	0.0072	0.1667
57		××示波器模件	更换	基层级	0.009	0.1667
58		××继电器模件	更换	基层级	0.0126	0.2500
59		××数字输入模件	更换	基层级	0.0108	0.1667
60		××风机	更换	基层级	0.0054	0.1667
61		××测试系统恢复	调试	基层级	0.009	0.1667
62		××配电盘指示灯	更换	基层级	0.0108	0.1667
63	E车	E车液压油	更换	基层级	0.02	0.5000
64		E车滤芯	清洗更换	基层级	0.02	1.0000
65		E车油箱	清洗	基层级	0.01	1.6667
66	F车	××系统雷达控制组合操作控制板	更换	基层级	0.03	0.5000
67		××系统搜索显控处理盒	更换	基层级	0.0195	0.6667
68		××系统雷达控制组合电源模块	更换	基层级	0.035	0.5000
69		××系统雷达控制组合加固液晶显示器	更换	基层级	0.0195	0.5000
70		××系统 A/D 变换插件	更换	基层级	0.036	0.5000
71		××系统同步器插件	更换	基层级	0.042	0.5000
72		××系统线性电源组合	更换	基层级	0.042	0.6667
73		××系统数据传输插件	更换	基层级	0.042	0.5000
74		××系统信号处理阵列插件	更换	基层级	0.042	0.5000

附表 5 基本保障群导弹修理组维修任务的维修资源需求

任务编号	维修人员需求																维修设备需求										
	雷达工程助工	雷达工程技师	雷达工程修理工	光电工程工程师	光电工程技师	机械工程技师	机械工程修理工	电子工程助工	电子工程技师	电子工程修理工	计算机工程助工	计算机工程技师	计算机工程修理工	导弹工程工程师	导弹工程技师	导弹工程修理工	灯罩摘除器	灯拆除器	灯安装工具	示波器	热吹风	X型工具箱	综合检测仪	静态检测仪	主板检测仪	液压专用工具
1		1	1																							
2			1																							
3		1	1																							
4		1	1																							
5		1	1																							
6		1	1																					1		
7							1																			
8						1																				
9		1	1														1	1	1							
10		1	1														1	1								
11		1	1														1	1	1							
12			1														1									
13						1	1																			
14						1	1																			
15							1																			

（续）

任务编号	维修人员需求																维修设备需求									
	雷达工程助工	雷达工程技师	雷达工程修理工	光电工程工程师	光电工程技师	机械工程技师	机械工程修理工	电子工程助工	电子工程技师	电子工程修理工	计算机工程助工	计算机工程技师	计算机工程修理工	导弹工程工程师	导弹工程技师	导弹工程修理工	灯罩摘除器	灯拆除器	灯安装工具	示波器	热吹风	×型工具箱	综合检测仪	静态检测仪	主板检测仪	液压专用工具
16									1	1																
17												1	1							1						
18												1	1							1						
19												1	1													
20											1	1	1											1		
21											1		1											1		
22											1		1													
23											1		1													
24											1		1													
25												1	1													
26												1	1													
27								1		1														1		
28								1	1	1													1			
29					1																	1				
30								1		1														1		

159

（续）

任务编号	维修设备需求										维修人员需求															
	液压专用工具	主板检测仪	静态检测仪	综合检测仪	X型工具箱	热吹风	示波器	灯安装工具	灯拆除器	灯罩摘除器	导弹工程修理工	导弹工程技师	导弹工程工程师	计算机工程修理工	计算机工程技师	计算机工程助工	电子工程修理工	电子工程技师	电子工程助工	机械工程修理工	机械工程技师	光电工程技师	光电工程工程师	雷达工程修理工	雷达工程技师	雷达工程助工
31																				1						
32																				1						
33				1																1	1					
34																				1	1					
35																				1						
36																										
37			1														1		1							
38			1														1		1							
39																	1									
40																	1									
41																	1									
42		1									1	1	1													
43		1									1	1										1	1			
44																						1				
45											1															

（续）

任务编号	液压专用工具	主板检测仪	静态检测仪	综合检测仪	X型工具箱	热吹风	示波器	灯安装工具	灯拆除器	灯罩摘除器	导弹工程修理工	导弹工程技师	导弹工程工程师	计算机工程修理工	计算机工程技师	计算机工程助工	电子工程修理工	电子工程技师	电子工程助工	机械工程修理工	机械工程技师	光电工程技师	光电工程工程师	雷达工程修理工	雷达工程技师	雷达工程助工
46											1	1	1													
47		1									1		1													
18											1	1	1													
49								1	1	1	1															
50								1	1	1	1															
51																										
52								1	1	1	1	1														
53								1	1	1	1															
54								1	1	1	1															
55			1								1		1													
56			1								1		1													
57											1		1													
58			1								1		1													
59						1					1	1	1													
60											1	1	1													

161

（续）

任务编号	液压专用工具	主板检测仪	静态检测仪	综合检测仪	X型工具箱	热吹风	示波器	灯安装工具	灯拆除器	灯罩摘除器	导弹工程修理工	导弹工程技师	导弹工程工程师	计算机工程修理工	计算机工程技师	计算机工程助工	电子工程修理工	电子工程技师	电子工程助工	机械工程修理工	机械工程技师	光电工程技师	光电工程工程师	雷达工程修理工	雷达工程技师	雷达工程助工
61											1		1													
62											1	1														
63	1																			1						
64																				1	1					
65				1																1	1					
66		1																						1		1
67		1																								
68																						1	1	1	1	
69																						1				
70																								1	1	
71			1																					1		1
72																								1	1	
73			1																					1	1	1
74			1																					1	1	1

162

参 考 文 献

[1] 王及平,邹佳生. 一体化联合作战研究[M]. 北京:军事科学出版社,2005.

[2] 崔亚峰. 一体化联合作战理论研究[M]. 北京:解放军出版社,2005.

[3] 荣为伟,费波. 信息化条件下机械化部队一体化保障探讨[J]. 石家庄机械化步兵学院学报,2010
(2):72-74.

[4] 曲明辉. 联合作战装备保障力量体系建设研究[D]. 石家庄:军械工程学院, 2007.

[5] 王润生. 装备保障系统重组理论及其在维修保障资源重组中的应用[D]. 石家庄:军械工程学
院, 2000.

[6] 严浩. 基于 Agent 的雷弹供应保障系统的应用研究[D]. 石家庄:军械工程学院,2004.

[7] 杨军,刘朋文. 分形理论与企业生产系统组织构造[J]. 管理工程学报,1998(6):13-18.

[8] 康广,蒋熙明. 分形理论在装备保障组织设计中的应用研究[J]. 军械工程学院学报, 2008
(3):8-11.

[9] 杨法红,侯光成. 战时通信导航装备远程维修保障系统架构研究[J]. 探测与定位,2010(4):26-29.

[10] 杨秀月,郭齐胜,等. 基于 AD 和 RIZ 的武器装备体系需求分析方法[J]. 装备指挥技术学院学报,
2008(2):18-22.

[11] 邓家禔. 产品概念设计-理论.方法与技术[M] 北京:机械工业出版社,2002.

[12] 陈耀华,樊树海,等. 基于公理设计的可重构造系统设计[J]. 工业工程与管理,2009(5):79-90.

[13] 王体春,钟诗胜. 基于公理化设计的多级实例知识重用技术研究[J]. 计算机集成制造系统,2008
(5):833-841.

[14] Crabtree J W, Sandel B C. 1989 Army level of repair analysis(LORA)[J]. Logistics Spectrum,1989
(Summer):27-31.

[15] Gregory Gutin, Arash Rafiey, Anders Yeo,et al. A Graph-Theoretical Approach to Level of Repair Analy-
sis[R]. Mathematics Department, UMIST,2004,8.

[16] Barros. The optimization of repair decisions using life-cycle cost parameters[J]. IMA J.. Management
Mathe,1998(9):403-413.

[17] Gregory Gutin ,Arash Rafiey ,Asnders Yeo,et al. Level of repair analysi and minimum cost homomorphisms
of graphs[R]. Manchester Institute for Mathematical Sciences School of Mathematics,ISSN1749-9097.

[18] R. J. I. Basten,M. C. van der Heijden, J. M. J. Schutten . Level of Repair Analysis:A generic Model[R].
Department of Operational Methods for Production and logistics, 2008,2.

[19] Basten R J I, van der Heijden M C, Schutten J M J. A Minimum Cost Flow model for Level of Repair Analysis[R]. Department of Operational Methods for Production and Logistics,2008.8.

[20] 陶基斌,郭应征,周太全. 基于前馈式神经网络的化工设备维修决策[J]. 南京化工大学学报,2002, 22(5):11 – 14.

[21] 胡彦平. 模糊神经网络在船舶柴油机维修决策中的应用[J]. 交通运输工程学报,2001,9.

[22] 严志军,严立,朱新河. 逻辑决策与模糊综合评判在机械设备维修类型决策中的应用(上)[J]. 中国设备管理,2000,(6):9 – 10.

[23] 严志军,严立,朱新河. 逻辑决策与模糊综合评判在机械设备维修类型决策中的应用(下)[J]. 中国设备管理,2000,(7):9 – 10.

[24] 王远志,宋笔锋,姬东朝. 修理级别分析访求[J]. 火力与指挥控制, 2008,33(4):1 – 4.

[25] 刘伟. 战时装备维修工作量分布规律及应用研究[D]. 石家庄:军械工程学院, 2007.

[26] 武洪文,齐晓慧,王新宇. 基于灰局势决策理论的维修级别分析方法[J]. 军械工程学院学报, 2004,16(5):47 – 51.

[27] 易运辉. 装备维修策略及其决策技术研究[D]. 长沙:国防科学技术大学, 2005.

[28] 胡涛,黎放. 舰船装备维修中的维修级别分析[J]. 海军工程大学学报, 1999,(2):96 – 101.

[29] 汪文峰. 新型地空导弹武器装备维修级别研究[D].西安:空军工程大学, 2009.

[30] 刘亮. 面向制造资源配置的仿真优化系统研究与开发[D].南京:南京航天航空大学,2007.

[31] 潘泉,黄善辉. 用维修单元法计算战时修理工时[J]. 军械维修工程研究, 2005(2):1 – 4.

[32] 刘秀峰,金家善,郁军维. 维修保障资源优化技术研究[J]. 海军工程大学学报,2002,12.

[33] 臧铁钢,郭顺生,杨明忠. 基于多任务维修的资源冲突消解策略的研究[J]. 机械,2003(2).

[34] 曹继平,宋建社,郭军,等. 一种战时装备维修保障资源优化调度算法[J]. 系统仿真学报, 2007,8.

[35] 裴国薇. 面向敏捷维修的维修资源智能优化配置技术研究[D].南京:南京航空航天大学,2007.

[36] 康进军,董长清,宋建兴,等. 基于模糊理论的装备维修资源优化配置模型[J]. 2007(05):31 – 33.

[37] 艾宝利,武昌. 基于改进粒子群算法的装备维修资源优化问题研究[J]. 军械工程学院学报,2008, 20(2):13 – 15.

[38] 艾宝利,武昌. 装备维修资源优化中的模拟退火遗传算法[J]. 火力与指挥控制,2010,35 (1):144 – 146.

[39] 张涛,郭波,谭跃进. 面向任务的维修资源配置决策支持系统研究[J]. 兵工学报,2005,9.

[40] Gass S I. The Army manpower long – range planning system[J], Operations Research, 1988, 36:5 – 17.

[41] Yamada Wade S. Infinite Horizon Army Manpower Planning Model[D]. 北京:中国科学技术信息研究所,2000.

[42] Information Extraction and Transport Inc East Setauket NY. Multi – variate Manpower, Personnel and Training (MPT) Modeling and Management System (AD – A365630)[R]. http://handle.dtic.mil/ 100.2/ADA365630,1999.

[43] Iwunor. Charles C O. Forecasts of the Grade Sizes in a Markovian Manpower Model in Continuous Time [J]. Discovery and Innovation,2004,16:37 – 40.

[44] Gaudiano Paolo,Bonabeau Eric,Bandte Oliver. Agent – Based Modeling as a Tool for Manpower and Personnel Management(AD – A465091)[R]. 北京:中国国家信息文献中心,2005.

[45] Feiring Douglas I. Forecasting Marine Corps Enlisted Manpower Inventory Levels With Univariate Time Series Models(AD – A445420)[R]. 石家庄:军械工程学院,2006.

[46] Geerlings W,Verbraeck A,De Groot, R,et al. Manpower forecasting: A discrete – event object – oriented simulation approach . Proceedings of the Hawaii International Conference on System Sciences 2001:63

[47] 马绍民,等. 综合保障工程[M]. 北京. 国防工业出版社,1995.

[48] 吴科,王玉泉,李琪. 装备维修人员专业、技术等级与数量确定方法研究//马世宁,甘茂治. 应用高新技术提高维修保障能力会议论文集[C]. 北京:军事科学出版社, 2005.

[49] Alfredsson P. Optimization of multi – echelon repairable item inventory systems with simultaneous location of repair facilities [J]. European Journal of Operational Research,1997(99):584 – 595.

[50] Diaz A, Fu MC. Models for multi – echelon repairable item inventory systems with limited repair capacity [J]. European Journal of Operational Research, v97,1997:480 – 492.

[51] Rothkopf M H, Oren S S. A closure approximation for the nonstationary M/M/s queue[J]. Management Science, 1979, 25(6):522 – 534.

[52] Dyer M E, Proll L G. On the Validity of Marginal Analysis for Allocating Servers in M/M/c Queues[J]. Management Science,1977,23,(9):1019 – 1022.

[53] 王乃超,康锐,王禹. 基于产品维修策略的保障设备需求量计算模型研究[J]. 系统工程与电子技术,2009,05.

[54] 武洪文,齐晓慧,胡永江. 一种基于条件概率的设备占用率修正算法[J]. 军械工程学院学报,2003,15(3): 64 – 67.

[55] 施京华,郑永前,苏强. 白车身生产线规划中设备数量决策问题的 Markov 模型[J]. 工业工程,2007,10(3):49 – 52.

[56] 陈宇晓. 大数量低故障率设备最佳备台数量的计算方[J]. 法宁波职业技术学院学报,2002,2(1): 99 – 10.

[57] 马云峰,杨超,张敏,等. 基于时间满意的最大覆盖选址问题[J]. 中国管理科学,2006,4.

[58] 翁克瑞,杨超. 多分配枢纽站最大覆盖选址问题[J]. 工业工程与管理,2007.1

[59] 杨丰梅,华国伟,邓猛,等. 选址问题研究的若干进展[J]. 运筹与管理,2005,12.

[60] 王非,徐渝,李毅学. 离散设选址问题研究综述[J]. 运筹与管理,2006,10.

[61] 王文峰,装备保障网络优化设计问题研究[D],国防科技大学博士论文,2008

[62] 张卓. 装备保障体制和运行机制研究[R]. 石家庄:军械工程学院,2002.

[63] 王兴旺. 军队装备保障体制变革机理与发展思路研究[D]. 石家庄:军械工程学院,2001.

[64] 桑士川. 陆军装备保障体制研究[D]. 石家庄:军械工程学院,2000.

[65] 王凯. 联合作战通用装备维修人员优化配置研究[D]. 石家庄：军械工程学院，2007.

[66] 师玉峰，刘兵. 战区综合化编组装备保障群装备保障训练问题探讨[J]. 装备指挥技术学院学报，2008,19(5):32-34.

[67] 宋国合. 战役装备维修保障力量构成研究[J]. 军械维修工程研究，2008(2):6-9.

[68] 宋朝阳，张建忠，徐才云. 装甲师装备保障力量编组运用[J]. 坦克兵学刊，2010(2):40-41.

[69] 蒋北. 信息化条件下作战装备保障力量的优化编组[J]. 炮兵学院学报，2005(3):48-49.

[70] 曲明辉. 联合作战装备保障力量体系建设研究[D]. 石家庄：军械工程学院，2007.

[71] 刘增勇，李伟，崔益烽，等. 通用装备"四合四统"建设模式下维修管理组织结构设计研究[J]. 军械工程学院学报，2009,21(4):15-19.

[72] 郭治邦，张春润，伊洪冰，等."专业组合"模式下通用装备保障训练内容体系的模块化构建[J]. 军事交通学院学报，2011,13(8):9-12.

[73] 周友亚. 围绕"四合四统"积极探索实践推进新装备保障建设转型[J]. 通用装备保障，2009(4):17-19.

[74] 彭京堂. 紧贴部队实际贯彻"四合四统"努力提高老装备作战保障能力建设水平[J]. 通用装备保障，2009(4):20-21.

[75] 朱文玉. 紧紧围绕"四合四统"创新实践推进部队"两成两力"建设深化发展[J]. 通用装备保障，2009(4):14-16.

[76] 梁捷能. 按照"四合四统"要求推进省军区部队"两成两力"建设深化发展[J]. 通用装备保障，2010(3):15-16.

[77] 彭瑞强，杨建军. 围绕"四合四统"深化部队"两成两力"建设[J]. 通用装备保障，2009(11):11-12.

[78] 贾月贞. 紧贴部队实际贯彻"四合四统"积极推进"两成两力"建设科学发展[J]. 装备，2009(5):34-35.

[79] Conley R E, Robbert A. Air Force Officer Specialty Structure. Reviewing the Fundamentals[R]. RAND Corp., Santa Monica, CA., 2009.

[80] Scott W P. Can the Use of In-Unit Training Increase Duty Military Occupational Specialty Qualification in the Reserve Component[R]. Army Command and General Staff Coll., Fort Leavenworth, KS., 2005.

[81] Robinson D L. Development of a Joint Operation Planning and Execution System Army Military Occupational Specialty[R]. Army Command and General Staff Coll., Fort Leavenworth, KS., 2010.

[82] Conatser D G. Forecasting U.S. Marine Corps Reenlistments by Military Occupational Specialty and Grade[R]. Naval Postgraduate School, Monterey, CA., 2007.

[83] Kirin S J, Winkler J D. The Army Military Occupational Specialty Database[R]. Rand Arroyo Center, Santa Monica, CA., 1992.

[84] 刘世泉，王军良. 美国陆军维修系统转型分析研究[M]. 北京：总装备部装甲兵装备技术研究所，2009:65-68.

[85] 童时中. 模块化原理设计方法及应用[M]. 北京：中国标准出版社，2000.

［86］柳献初．模块化思想溯源［J］．商用汽车，2009，02：80－81.

［87］Starr M K. Modular production：a new concept［J］. Harvard Business Review. 1965，43（06）：23－25.

［88］Henderson，Rebecca M，Clark Kim B．Architectural innovation：The reconfiguration of existing product technologies and the failure of established firms［J］. Administrative Science Quarterly，1990，35（1）：9－30.

［89］徐宏玲，李双海．价值链形态演变与模块化组织协调［J］．中国工业经济，2005，11：67－68.

［90］罗珉．企业内部市场：理论、要素与变革趋势．中国工业经济．2004.10：59－68.

［91］Eisenhardt K M，Galunic D C. Coevolving at Last，a way to make synergies work［J1. Harvard Business Review，2000，78（1－2）：91－101.

［92］KATHLEEN M EISENHARDT，CONSTANCE E HELFAT. Intertemporal economies of scope，organizational modularity，and the dynamics of diversification［J］. Strategic Management Journal，2004，25（13）：1217－1232.

［93］陈向东，苏允洲．模块化方法——从产品涉及到企业战略设计的工具［J］．中外科技信息，2005，05：19－21.

［94］陈向东，等．集成创新和模块创新——穿心活动的战略性互补［J］．中国软件学，2002，12：52－56.

［95］Congressional Research Service，Washington，DC. U. S. Army's Modular Redesign：Issues for Congress［R］. CRS Report for Congress（ADA436231/XAB），2006，2.6.

［96］潘飞．提高我军军需保障能力［J］．军学研究，2007，06：57－59.

［97］Smith Jeremy D. A proposed modular distribution unit［J］. Army Logistician，2006，38（2）：26－28.

［98］Matthew F. Bogdanos. Battlespace management in integrated operations［J］. Joint Force Quarterly，2007（37）：8－9.

［99］田厚玉，毕研江．论我军装备保障力量的转型方向［J］．国防大学学报，2005（7）：70－71.

［100］Major Charlie Ward. Managing ARFORGEN operations in a modular sustainment brigade［J］. Army Sustainment，2010，42（1）：2－4.

［101］福斯特托马斯 J．"伊拉克自由行动"中的模块化旅后勤保障营［J］．张慧，李蔚，李褆，译．外国军事后勤，2007，（4）：34－36.

［102］华菊仙．美国陆军模块化新编制的特点［J］．国外坦克，2007（1）：47－49.

［103］总装备部科技信息研究中心．美军"伊拉克自由行动"中的模块化"旅保障营"［J］．装备维修保障动态，2006，（31）：1－10.

［104］吴秀鹏，张春润，刘亚东，等．陆军部队装备保障力量模块化研究［J］．装备指挥技术学院学报，2010，21（3）：31－37.

［105］展恩胜，马喜成，田野，等．吉林省军区民兵"模块化"编组研究观点选登［J］．国防，2006（07）：29－31.

［106］高政，伍宏波．民兵组织实施"模块化"编组的几点做法［J］．国防，2009（07）：67－68.

［107］成洪俊，朱雪萍，林建文．模块原理在联合防控作战编组中的运用．炮学杂志，2004（02）：31－32.

[108] 宋志超. 地面防空兵部队模块化建设的思考[J]. 空军工程大学学报,2005,12:20－22.

[109] 马宏伟,江敬灼,滕仪奎. 模块化部队兵力结构分析方法研究[J]. 军事运筹与系统工程,2008 (06):49－54.

[110] 米洋. 后勤力量模块化建设刍议[J]. 国防大学学报,2007(10):98－99.

[111] 于浩天. 后勤组织模块及组织模块化探析[J]. 国防大学学报(军事后勤研究),2005(7):66－67.

[112] 李少明. 应组建模块化后勤应急保障部(分)队[J]. 空军后勤研究,1999(6): 37－38.

[113] 唐建明. 组建模块化空军后勤应急保障部(分)队的主要形式[J]. 空军后勤研究,1999(2): 14.

[114] 石文明,贾丹兵. 军队医院卫勤模块化保障单元模式[J]. 解放据医院管理杂志,2008 (10):1129－1131.

[115] 张晓苏,宋斌,杨文宇. 军队医院机动卫勤分队模块化设计与应用[J]. 东南国防医药,2006(06): 277－279.

[116] 冯柯,黎红,何文辉,等. 战时工程装备保障模块化模型的建立[J]. 工兵装备研究,2007,26 (1):48－51.

[117] 董良喜,陈敬波. 模块化:21世纪陆军保障力量设计方法[J]. 维修理论动态,1999(4):30－36.

[118] 胡武堂. 基于任务饱和度的战术装备维修保障力量调度模型研究[D]. 石家庄:军械工程学院,2009.

[119] 董志勇,邹晓喜,贾庆波. 模块化维修资源优化调度模型研究[J]. 中国运筹学会第九届学术交流会论文集,2008.10:597－602.

[120] 吴秀鹏. 装备保障力量模块化设计研究[D]. 石家庄:军械工程学院,2010.

[121] 孙文选,杨宏伟,杨学强. 基于多目标约束的基本保障单元人力资源优化研究[J]. 装甲兵工程学院学报,2011,25(3):24－29.

[122] TBB400－2008,军械装备部队维修工时与最小维修人力单元[S],中国人民解放军总装备部通用装备保障部.

[123] 许香穗,蔡建国. 成组技术[M]. 北京:机械工业出版社,1987.

[124] 瓦尔特·普拉克. 成组技术的理论与实践[M]. 田振海,译. 北京:国防工业出版社,1987.

[125] McCormick W T, Schwetzer Jr P J, White T W. Problem decomposition and data reorganization by a [cluster technique[J]. Operations Research, 1972, 20(5):993－1009.

[126] King J R. Maehine－componentgrouping in production flow analysis:An approach using a rank order clustering algorithm[J]. International Journal of Production Research, 1980, 18(2): 213－232.

[127] King J R, Nakornchai V. Machine－component group formation in－group technology:Review and extension[J]. International Journal of Production Research, 1982, 20(2): 117－133.

[128] Chan H M, Milner D A. Direct clustering algorithm for group formation in cellular manufaeture[J]. Journal of Manufacturing Systems,1982,1(1):65－74.

[129] Chandrasekharan M P, Raiagopalan R. Groupablity:Analysis of the properties of binary data matrices for group technology[J]. International Journal of Production Research, 1989, 27(6):1035－1052.

[130] MeAuley J. Machine grouping for efficient production[J]. Production Engineer, 1972, 51(2): 53 –57.

[131] Carrie A S. Numerical taxonomy applied to group technology and plant layout[J]. International Journal of Production Research,1973,11(4):399 –416.

[132] Gupta T, Seifoddini H. Production databased similarity coeffieient for machine component grouping decisions in the design of a cellular manufacturing system[J]. International Journal of Produetion Researeh, 1990,28(7): 1247 –1269.

[133] Seifoddini H,Djassemi M. Merits of the production volume based similarity coefficient in machine cell formation[J]. JMS,1995,14(1):35 –44.

[134] Lozanos, Dobadod, Larranetaj, et al. Modifiec fuzzy c – mean algorithm for cellular manufacturing[J]. Fuzzy Sets and Systems, 2002, 126:23 –32.

[135] Yong Yin, Kazuhiko Yasuda. Siliatity coefficient methods applied to the cell formation problem: a comparative investigation[J]. Computers & Industrial Engineering, 2005,48:471 –489.

[136] McAuley J. Machine grouping for efficient production[J]. Production Engineer, 1972,51(2):53 –57.

[137] Seifoddini H, Wolfe P M. Selection of a threshold value based on material handling cost in machine – component grouping[J]. IIE Transcations, 1987, 19(3):266 –270.

[138] Saidi – Mehrabad M, Safaei N. A new model of dynamic cell formation by a neural approach[J]. International Journal Advanced Manufacturing Technology, 2007, 33:1001 –1009.

[139] Yasuda K, Yin Y. A dissimilarity measure for solving the cell formation problem in cellular manufacturing [J]. Computers and Industrial Engineering, 2001, 39(1):1 –17.

[140] Rajagopalan R, Barta J. Design of Cellular Production System: A Graphic – Theoretic Approach[J]. International Journal of Production Research, 1975, 13(6): 567 –579.

[141] Lee H O,Garcia – Diaz A. A network flow approach to solve clustering problems in group technology[J]. International Journal of Production Research, 1993, 31(3): 603 –612.

[142] Askin R, Chiu K. A graph partitioning procedure for machine assignment and cell formation[J]. International Journal of Production Research, 1990, 28(8): 1555 –1572.

[143] Vohra T, Chen D. A network approach to cell formation in cellular manufacturing[J]. International Journal of Production Research, 1990,28(11):2075 –2084.

[144] Zahir Albadawi. A mathematical approach for designing cell formation in cellular manufacturing systems [D]. Quebec: Concordia university, 2003.

[145] Joines J A. Manufacturing cell design using genetic algorithms[D]. Raleigh: North Carolina State University, 1993.

[146] Jensen R E. A dynamic programming algorithm for cluster analysis[J]. Operations research, 1969, 12: 1034 –1057.

[147] Kusiak A,Heragu S. The facility layout problem[J]. European journal of operational research,1987,29: 229 –251.

169

[148] Das K. A comparative study of exponential distribution vs Weibull distribution in machine reliability analysis in a CMS design[J]. Computers & Industrial Engineering, 2008, 54:12－33.

[149] Steve Ahkioon, Akif Asil Bulgak, Tolga Bektas. Integrated cellular manufacturing systems design with production planning and dynamic system reconfiguration[J]. European Journal of Operational Research, 2009, 192:414－428.

[150] 李淑霞,单鸿波. 基于敏捷制造单元的车间动态重构[J]. 计算机集成制造系统,2007,13(3):520－526.

[151] 张建军. 作战单元维修保障能力评估与优化技术研究[D].长沙:国防科技大学,2008.

[152] 聂成龙. 面向装备作战单元的综合保障模型研究[D].石家庄:军械工程学院,2004.

[153]《战役装备保障学》编审委员会. 战役装备保障学[M].北京:国防大学出版社,2002.

[154] 颜炳斌. 战时通用装备维修力量优化研究[D].石家庄:军械工程学院,2007.

[155] 胡红波. 基于场的装备保障力量配置及自适应行为研究[D].石家庄:军械工程学院,2009.

[156] 曹小平,林晖. 装备维修战略学[M].北京:国防工业出版社,2008.

[157] 徐英. 面向任务的装备保障人力人员需求确定技术研究[D].石家庄:军械工程学院,2008.

[158] 赵武奎. 装备保障学[M].北京:解放军出版社,2003.

[159] 甘茂志,康建设,高崎. 军用装备维修工程学[M].北京:国防工业出版社,2005.

[160]《战略装备保障学》编审委员会. 战略装备保障学[M].北京:国防大学出版社,2002.

[161] 野占武. 军械装备维修保障单元设计化组配模式研究[D].石家庄:军械工程学院,2005.

[162] GJB2072－4. 维修性试验与评定[S].中国人民解放军总装备部,1994.

[163] 封会娟. 装备作战单元保障对象系统 RM 建模研究[D].石家庄:军械工程学院,2010.

[164] 李东东. 作战单元任务要求到保障要求转换研究[D].石家庄:军械工程学院,2010.

[165] 张莉. 基于排队网络理论的集装箱码头设备配置优化研究[D].上海:同济大学,2007.

[166] Burke P J. The Output of a Queueing System[J]. Operations Research, 1956,4(6):699－704.

[167] Jain A K, Murty M N, Flynn P J. Data clustering: A review [J]. ACM Computing Surveys, 1999, 31(3): 264－323.

[168] Jain A K, Duin R P W, Mao J C. Statistical pattern recognition: A review [J]. IEEE Transaction on Pattern Analysis and Machine Intelligence, 2000, 22(1): 4－37.

[169] 周美立. 相似性科学[M].北京:科学出版社,2004.

[170] 周美立. 复杂机械产品系统差异性分析度量方法[J].农业机械学报,2006,37(7):92－132.

[171] 周美立,王浣尘. 机械系统相似分析与度量[J].中国机械工程.1996,7(6):56－58.

[172] 高新波. 模糊聚类分析及其应用[M].西安:西安电子科技大学出版社,2004.

[173] Dumm J C. A graph theoretic analysis of pattern classification via Tamura's fuzzy relation[C]. IEEE Trans. SMC, 1974,4(3):310－313.

[174] 李东. 基于 EXTEND 仿真的炼钢生产物流优化研究[D].重庆:重庆大学材料科学与工程学院, 2009.

［175］Joao Weinholtz, Rui Loureiro, Carlos Cardeira, et al. Automatic Creation of Simulation Models for Flow Assembly Lines. Instituto Superior Técnico, Technical University of Lisbon Dept. of Mechanical Engineering, GCAR – IDMEC Av. Rovisco Pais, 1049 – 001 Lisboa, Portugal.

［176］秦天保,王岩峰. 面向应用的仿真建模与分析［M］. 北京:清华大学出版社,2009.

［177］陈国良,王熙法,庄镇泉,等. 遗传算法及其应用［M］. 北京:人民邮电出版社,1996.

内 容 简 介

　　装备作战单元维修保障力量编配是装备保障方案的重要内容,是保障能力生成的重要环节,是实现"保障有力"的坚实基础。本书从维修保障力量编配优化问题的整体入手,分析界定了各层次维修力量编配优化问题,选取底层基本维修单元编配问题作为本书的重点研究内容。本书系统地介绍了基本维修单元的概念,基本维修单元编配问题界定、定量模型,基本维修单元分类设计方法和数量配备方法,并通过实例对方法进行了检验。

　　本书既可以为从事装备维修保障力量编组、维修保障系统构建等方面的研究人员与工程实践人员提供进一步深入研究的基础资料,还可以作为装备保障工程领域的研究生学习维修保障力量编配、维修保障系统构建的教材使用。

172